EXERCENDO
LIDERANÇA

Dados Internacionais de Catalogação na Publicação (CIP)
(Câmara Brasileira do Livro, SP, Brasil)

Mandelli, Pedro
 Exercendo liderança : o papel central do líder, sua motivação, proatividade e equilíbrio emocional / Pedro Mandelli, Antônio Loriggio. – Petrópolis, RJ : Vozes, 2016.

10ª reimpressão, 2025.

ISBN 978-85-326-5252-2

1. Administração de pessoal 2. Equilíbrio (Psicologia) 3. Liderança 4. Organização e administração I. Loriggio, Antônio II. Título.

16-02637   CDD-658.4092

Índices para catálogo sistemático:
1. Liderança : Administração   658.4092

Pedro Mandelli
Antônio Loriggio

EXERCENDO
LIDERANÇA

O papel central do líder,
sua motivação,
proatividade e
equilíbrio emocional

VOZES
NOBILIS

© 2016, Editora Vozes Ltda.
Rua Frei Luís, 100 25689-900
Petrópolis, RJ
www.vozes.com.br
Brasil

Todos os direitos reservados. Nenhuma parte desta obra poderá ser reproduzida ou transmitida por qualquer forma e/ou quaisquer meios (eletrônico ou mecânico, incluindo fotocópia e gravação) ou arquivada em qualquer sistema ou banco de dados sem permissão escrita da editora.

CONSELHO EDITORIAL

Diretor
Volney J. Berkenbrock

Editores
Aline dos Santos Carneiro
Edrian Josué Pasini
Marilac Loraine Oleniki
Welder Lancieri Marchini

Conselheiros
Elói Dionísio Piva
Francisco Morás
Teobaldo Heidemann
Thiago Alexandre Hayakawa

Secretário executivo
Leonardo A.R.T. dos Santos

PRODUÇÃO EDITORIAL

Anna Catharina Miranda
Eric Parrot
Jailson Scota
Marcelo Telles
Mirela de Oliveira
Natália França
Priscilla A.F. Alves
Rafael de Oliveira
Samuel Rezende
Verônica M. Guedes

Editoração: Fernando Sergio Olivetti da Rocha
Diagramação: Sandra Bretz
Ilustrações: Victor Augusto Farat e Amanda Gambale Borges
Capa: Idée Arte e Comunicação
Ilustração de capa: © Hans Slegers | Dreamstime

ISBN 978-85-326-5252-2

Este livro foi composto e impresso pela Editora Vozes Ltda.

Depoimentos

Coragem, adaptação e prontidão para realizar mudanças são características essenciais da liderança. Empresas que não reconhecem a necessidade de se adequar a um novo ambiente, e responder mais rápido do que os seus concorrentes, tendem a ficar para trás e perder a vitalidade.

Empresas vencedoras têm sucesso não pelas suas ideias, mas pela habilidade de seus líderes de engajar um conjunto de competências, mantendo a unicidade de valores. São organizações que investem continuamente em ter pessoas capacitadas e fortalecidas para sua missão de desenvolver outras pessoas, num processo de líderes que formam líderes.

Nada é por acaso. Esse diferencial exige investir tempo e foco no aperfeiçoamento contínuo, que vem através do autoconhecimento, autocontrole, empatia e articulação. Assim, somos desafiados a aprender a unir razão e emoção, curto e longo prazos, pessoas e propósitos.

Mandelli e Toti se tornaram *experts* em desenvolver líderes, tirando-os da zona de conforto e fazendo-os crescer. E, nesses últimos dez anos, atuando em conjunto com eles em grandes empresas, como Carrefour e Cyrela, vivemos a construção de um novo patamar de gestão.

De forma generosa e provocativa essas duas referências em Liderança e Gestão Empresarial sistematizaram seu conhecimento neste novo livro e nos provocam a ir além.

Renata Moura
REM – Cultura e governança

Não há dúvidas da diferença que as **pessoas** fazem no resultado de uma empresa. Esta conclusão já é sabida há algumas décadas, mas ainda são poucas as empresas que possuem programas de desenvolvimento da sua liderança que tragam de fato mudanças de comportamento e consequente aumento de desempenho dos seus times. Esta era a minha visão em 2011, quando na minha primeira semana de empresa já participei da primeira turma do PDL (Programa de Desenvolvimento da Liderança) com a Mandelli e Loriggio Consultores, mas de cara já vi ali alguns elementos diferenciados, seja pelo preciso diagnóstico sobre liderança que foi apresentado, seja pela fala do CEO da companhia responsabilizando os líderes pela qualidade dos seus times, seja pelo conteúdo completo e muito próximo da realidade de cada um dos participantes construído para atender a demanda daquele público. Após cinco anos de programa, hoje eu vejo líderes que saíram do discurso e atualmente praticam tudo aquilo que lhes foi passado. A linguagem dos líderes mudou e foram inseridos novos termos como rituais, legado, QS (preparo/motivação do time). Não tenho dúvida do amadurecimento da BRMalls no quesito liderança e tenho menos dúvida ainda da importância deste programa no desenvolvimento de cada Líder BRMalls.

Bianca Viana Bastos Marcelino
Gente & Gestão
BRMalls

A VLI trabalha para transformar a logística do Brasil. Essa é a nossa visão. Para tornar isso possível, precisamos contar com um time de líderes focados e capazes de motivar suas equipes a buscar esse mesmo objetivo. A Mandelli Associados nos apoia neste processo, oferecendo treinamentos adaptados aos valores e às necessidades da VLI. Os consultores (ou Mandelli e Toti) falam a nossa língua, desafiam os nossos líderes a superarem dificuldades e desenvolvem um diálogo aberto com sua equipe e com a diretoria, fortalecendo a integração e o processo de maturidade da nossa empresa.

Seu modo de trabalho estimula o autoconhecimento, o foco nas pessoas e nos resultados e a prática do *feedback*. Por esse motivo, a "Escola de Liderança VLI" – uma parceria estratégica com a Mandelli e Loriggio – já é um produto reconhecido e esperado pelo nosso time. Estou certa de que a leitura deste livro vai potencializar a gestão de pessoas e dar diretrizes que vão contribuir para a sustentabilidade do seu negócio!

Rute Galhardo
VLI

Minha convivência com Mandelli e Toti vem de longa data e de muitas experiências em diferentes contextos organizacionais.

A rápida e aguçada capacidade de leitura do ambiente, de observação de cada particularidade cultural e consequentemente dos desafios foi sempre um diferencial.

Assim como a habilidade de "tirar da zona de conforto" profissionais em vários estágios de carreira, tanto na perspectiva individual como, e sobretudo, em seu papel como gestor, sempre provocou *insights* valiosos e transformacionais para tais indivíduos e consequentemente para suas equipes e para as organizações nas quais atuavam.

Não menos importantes foram os trabalhos em torno dos valores corporativos, retirando-os das "paredes" e transformando-os em motores quase que tangíveis de alinhamento, compromisso e motivação.

Fico muito feliz em contarmos com mais um livro desta dupla, especialmente em um momento tão crucial de nosso país, com tamanha carência de propósito para o trabalho e de líderes realmente inspiradores e exemplares.

Tenho certeza de que através deste muito mais profissionais se beneficiarão dos conceitos teóricos e práticos, dos muitos que já tiveram o privilégio de "beber da fonte" diretamente.

Raissa Lumack
Vice-presidente de Recursos Humanos
The Coca-Cola Company

Formar e desenvolver líderes está sempre no topo do *ranking* da agenda de um líder de RH. E por mais que existam várias definições e formas de conduzir este processo, os conceitos são sempre muito quadrados. Este é um tema que eu acho fascinante. Existem várias perguntas ainda não respondidas, e as respostas dependem obrigatoriamente da cultura da empresa. Qual a definição de liderança? Existe líder nato? Como desenvolver as habilidades de liderança? Eu particularmente acredito que um líder é aquele que entrega resultados formando gente, que inspira e tem a habilidade de levar um profissional a horizontes que nem ele próprio imaginava, que desafia e ajuda o time a estender seus próprios limites. E aquele que tem sempre um potencial sucessor no *pipeline*.

Sou muito grata ao Pedro e ao Toti por nos ajudarem a entender e formatar o que era liderança dentro da nossa cultura. E ainda mais por terem sido parte fundamental e incansáveis na nossa jornada de desenvolver a competência de liderança na organização. Lembro-me claramente da nossa primeira reunião, Pedro dizendo que para trabalhar conosco precisaria entender primeiro o nosso jeito de pensar e agir. Foi quase um desabafo: a gente contradizia muito da teoria existente, definitivamente não éramos tradicionais. O resultado desta primeira interação foi tudo, menos positivo, e eu pensei: "Lá se vai mais um consultor cheio de estrelas que não entende o que a gente quer". Mas Pedro e Toti voltaram uma semana depois, com um brilho nos olhos contagiante, movidos pelo desafio do diferente. Ali tive a certeza de que tinha achado os parceiros ideias, que não estava conversando com mais uma das várias empresas de consultoria e desenvolvimento de líderes iguais a tantas outras que já tinham cruzado o meu caminho.

E a nossa jornada foi assim: começando com uma folha em branco, várias discussões intensas e apaixonadas, muita discordância, muita concordância; Mandelli sempre tocando nas feridas sem rodeios, com muita simplicidade e assertividade. Criamos a quatro mãos o programa que gerou o melhor resultado da competência de liderança da nossa história, comprovado pelas métricas e indicadores que tanto gostamos.

Eu também me transformei e me tornei uma líder melhor ao longo de todo este processo de transformação de nossos líderes. Aprendi muito nesta trajetória com eles e tenho muito orgulho do que construímos juntos. São meus parceiros para a vida e meu *tool kit* está sempre comigo. Hoje tenho clareza do que realmente faz a diferença!

Melissa Werneck
Kraft Heinz Company

Honrada em fazer este pequeno registro na obra de vocês!

Ao longo da minha vida profissional em Gestão e Recursos Humanos eu pude conhecer e admirar o Professor Pedro Mandelli!

Mas a experiência de trabalhar em parceria com ele e a equipe da Mandelli & Loriggio Consultores, em especial com o Toti, para ajudar os líderes da minha organização a perceber a importância de uma atitude mais protagonista diante da necessidade constante de inovar, transformar e surpreender as expectativas dos nossos clientes e consumidores foi incrível! O desafio de mobilizar os times, os colegas a mudar mesmo diante das adversidades é constante, por isso que todas as metodologias de Change Management são válidas, mas a atitude diante destes desafios é pré-requisito para se ter sucesso, é uma capacidade que pode fazer a diferença!

Eles são muito profissionais, fazem uso do bom humor, e em geral são muito pragmáticos, o que tem ressonância no nosso ambiente corporativo. Respeito eles demais, e a minha experiência com eles me mostrou que eles também consideram e respeitam muito nossa cultura, nossos *insights* e opinião, e se divertem com o trabalho executado a várias mãos.

Muito feliz em ver que muitos destes conceitos serão democratizados por meio desta obra que vocês publicarão, que reúne ciência e arte da liderança e ajuda gente que escolhe fazer a diferença a usar essa linguagem e aprender com vocês!

Muito obrigada por tudo! E desejo que vocês continuem contaminando positivamente outros líderes para comportamentos mais responsáveis e organizações ainda melhores que possam transformar nossa sociedade.

Marcia Drysdale
Gerente-sênior Recursos Humanos
Microsoft

Agradecimentos

Nossos principais agradecimentos são a todos os profissionais com quem convivemos continuamente ao longo desta jornada atuando como consultores e professores. Eles se encontram por todos os lados e em muitas empresas, ora em situações melhores, ora adversas. Sem eles certamente este livro não existiria, pois é daí que tiramos nossas histórias. O retorno carinhoso que temos recebido em todos esses anos foi o que nos motivou a promover esta coletânea de conceitos, ferramentas, casos, histórias e *insights*.

Outro agradecimento é para a Mirtes Cristina Alves dos Santos Elgamal que foi a responsável por juntar as partes e fazer as colagens necessárias para transformar o texto que produzimos originalmente em um livro propriamente dito. Como a própria Mirtes comentou, "este trabalho foi feito com muito carinho". Somos muito gratos a ela por esta atenção especial e competência ao lidar com as palavras.

Agradecemos também a Victor Augusto Farat e a Amanda Gambale Borges da Design de Conversas pela cessão dos direitos autorais das imagens que utilizamos como ilustrações ao longo do livro para dar mais suavidade aos textos, tornando a leitura bem-humorada e leve.

Sumário

Prefácio, 17

Introdução, 21

1 O próprio líder – Entendendo o seu papel, 31
    Será que você entende claramente seu papel de líder?, 31
    Administrar tarefas não gera resultados, 33
    Você é ou está gestor?, 35
    Gestor técnico, equipe alienada, 37
    O papel da liderança, 38
    Visão e estratégia, 41

2 Entendendo a automotivação, 65
    A motivação própria e dos liderados, 66
    Mudanças na vida, 75
    Atividades e motivos, 82
    Frustração e estresse, 83

3 A proatividade como fundamento central, 91
    A empresa perfeita, 92
    O papel que você exerce, 93
    "Eu sou a solução do problema", 96
    Será que você precisa mudar?, 102
    Você é proativo?, 104
    Dicas para evoluir, 112
    A escada da proatividade, 119

4 Em busca do seu equilíbrio emocional, 123
  Gestão emocional, 128
  Inteligência, personalidade e equilíbrio emocional, 143
  Os quatro quadrantes emocionais, 145

5 O desafio das capacidades, 183
  Diagnosticar, 183
  Estabelecer e sustentar relacionamentos, 185
  Sustentar uma causa, 186
  Articulação, 187
  Foco, 188

Conclusões, 191

Anexo – A empresa e o preparo da liderança: o que a empresa deveria seriamente fazer!, 193

Referências, 201

Prefácio

Somos conhecidos pelos trabalhos que fazemos! Esta é a única certeza que temos. Não temos sobrenome multinacional, nem patrocínios – que na verdade seriam sempre bem-vindos. Nosso único propósito é e sempre foi "desenvolver trabalhos nas áreas de gestão de pessoas e mudanças organizacionais que superem em muito as expectativas de cada um de nossos clientes". Temos clientes que viraram fãs e verdadeiros amigos, cúmplices, pois a cada jornada que eles se envolvem lá estamos nós dando suporte à sua gestão. Somos artesãos e fazemos um método para cada situação, sempre lastreados no melhor de cada autor e não necessariamente no autor mais moderno.

É desta forma que chegamos à empresa de consultoria que temos: utilizando os melhores autores, desenvolvendo conceitos, estudando obstinadamente cada solução para específicas situações e desenvolvendo métodos de solução caso a caso.

Somos, sim, artesãos e gostamos dessa característica e, aliás, não saberíamos ser de outra forma.

Obviamente trabalhando por longas décadas desta forma, montamos um arsenal de conhecimento, casos, histórias, métodos, e julgamos prazeroso conversar sobre cada um deles em nossos encontros que, supostamente, seriam para "não trabalhar". À beira de um bom churrasco e um bom vinho costumamos gastar horas de conversas sobre o nosso estoque de aprendizado.

Nossos temas centrais de desempenho organizacional, gestão de pessoas e mudanças sempre foram recheados e suportados por uma sólida base de conhecimento sobre liderança. Temos a certeza que ensinar as pessoas a liderar o desempenho e as mudanças sempre foi nosso pilar central.

Neste sentido decidimos registrar de forma ordenada o que deu cor e sabor a cada um de nossos trabalhos, e de forma ordenada e pragmática registramos nesta obra tudo que encontramos como fatores que fazem a diferença neste assunto.

Por que valeu a pena este esforço? Abaixo apresentamos os depoimentos sobre o que cada um de nós pensa sobre o outro:

> Toti (Loriggio): um exemplar aluno que cativou-me desde o tempo de cursos de especialização. Por dez anos seguidos me esforcei em tê-lo trabalhando comigo, até que um dia consegui. Meu fiel escudeiro de cada trabalho, meu cúmplice de cada vitória, silencioso aprendiz e trabalhador ao extremo. Estudioso demais, criador, incansável, teimoso em suas posições. Cresceu forte intelectualmente e já há alguns anos compartilhamos o mesmo palco (às vezes até em conjunto – o que adoramos fazer). Desenvolvedor ardente de pessoas, haja vista a chegada da Livia em nosso grupo, cabendo ao Toti colocá-la no caminho. Em poucos anos já se faz uma grande nossa parceira. Hoje nosso time tem dois capitães, eu e o Toti, e ambos somos recursos de um e de outro, dependendo do trabalho. Uma grande família que se somou à minha e formamos uma coisa só: hoje não o vejo mais como um profissional, mas simplesmente um GRANDE E INSEPARÁVEL AMIGO!

*

Pedro Mandelli: desde a primeira aula que assisti do Pedro fiquei impressionado com o impacto que ele tinha sobre as pessoas em geral. Já havia tido bons professores e mestres, mas aquilo era totalmente diferente. Mexeu comigo e com o que eu imaginava para minha carreira. Tanto que sem demora fui buscar outro curso que ele ministrava para que eu pudesse aprender um pouco mais. Esse outro curso tinha só cinco alunos. Todos ocupando cargos de líderes, menos eu, que era um analista de sistemas que queria ser líder. Não teve jeito e ficamos próximos e amigos. Com a proximidade e amizade, a admiração só aumentou. Pedro Mandelli tem uma capacidade de articulação que é imbatível. Ele hipnotiza plateias inteiras fazendo rir e chorar quando quer. Consegue isso com quatro virtudes geniais. Seu palco, um desempenho teatral e cômico que é digno de Oscar, seu conhecimento e conteúdo com enorme profundidade, e sua didática precisa com uma energia efervescente. Além disso, Mandelli faz a leitura dos conceitos com abordagem própria e inovadora, sempre buscando impacto que obtenha atenção das pessoas. Isso requer ousadia e coragem, pois ele vai além das conclusões óbvias sobre os assuntos, correndo riscos e conquistando seus alunos. Poucos são os privilegiados como eu que conseguem trabalhar ao lado de seu guru e mestre. Sou muito, muito grato a ele por tudo!

Os autores

Introdução

Em nosso trabalho como consultores em Gestão de Performance e Mudança Organizacional, grande parte do esforço se concentra em preparar a liderança das empresas para que a organização possa fazer as mudanças e encontrar maior competitividade em um mundo que está cada vez mais veloz e exigente.

Como o desafio da *performance* organizacional está cada vez mais acelerado com períodos de alta e baixa turbulência e nossa crença é de que as empresas não mudam sozinhas, elas precisam que alguém as mude, então o despreparo das lideranças para efetuar mudanças fica cada vez mais evidente.

Aliado a isso, outro fator agrava a situação, que é a prematuridade na nomeação de pessoas a cargos de líderes. Também fruto da velocidade das mudanças, as empresas crescem em grande velocidade e não possuem outra alternativa senão promover jovens inexperientes a cargos de liderança. A prematuridade também ocorre principalmente por características das novas gerações, nas quais existe uma ansiedade latente por um crescimento vertiginoso. Como resultado, temos presenciado a nomeação de pessoas com baixa idade e experiência e alto potencial a posições de liderança, agravando o quadro geral das mudanças e consequentemente do despreparo da liderança para lidar com elas.

Apesar desse despreparo representar uma ótima oportunidade de negócio para nós consultores, frequentemente nos vemos muito incomodados com a falta de eficácia ao enfrentar esse problema. Temos presenciado enormes esforços das empresas ao tentar preencher essa lacuna, mas nossa percepção é que estamos tentando preencher um buraco com terra, mas toda a terra que jogamos no buraco rapidamente evapora, não restando quase nada. Não é nada raro entrarmos em uma empresa que se diz extremamente carente em liderança e, ao pedirmos o retrospecto da gestão desse problema, vemos que esforços respeitáveis já foram empregados, mas nunca parecem ter sido suficientes. Algumas fizeram programas completos de MBA com organizações de primeira linha, em grandes escolas de negócio. Outras criaram programas internos sólidos, com apoio externo e interno, com seriedade surpreendente. Algumas desenvolveram programas de liderança organizados por módulos que envolviam atividades vivenciais e práticas, planos de ação individuais e processo de aconselhamento individual e, portanto, grande profundidade no assunto liderança. Será que toda essa energia, esforço e dinheiro investidos realmente evaporam?

Algumas áreas de Recursos Humanos simplesmente se acomodaram com a situação e adotaram uma postura reativa diante dessa situação. Simplesmente assumiram que é assim mesmo. Assumiram que liderança é um processo que não termina. "Precisamos estar sempre preenchendo esse buraco, embora ele nunca estará preenchido." Concordamos em parte. Existe uma grande diferença entre nunca estar totalmente preenchido e estar sempre vazio. Nunca estar totalmente preenchido faz parte da dinâmica de toda empresa de ter uma movimentação elevada nos níveis de comando. Mas estar a maior parte do tempo vazio é muito temerário para a organização e não podemos nos acomodar com uma situação dessas.

Temos presenciado algumas empresas que estão em sua quarta ou quinta iniciativas de preparo de sua liderança com formas diferentes e têm investido grande parte de seu orçamento de treinamento em programas de preparo de sua liderança. Por outro lado, nas avaliações desses programas se veem repetidamente frases como: "o curso foi muito bom" ou "foi bom rever esses assuntos tão importantes". Suas notas de avaliação são invariavelmente altas. O problema então não é a qualidade ou a forma dos programas (aliás, cada vez mais inovadoras e cheias de pirotecnias), mas sim a sua efetividade, que continua sendo baixa. Sem perceber o real problema, as empresas continuam a aplicar seu dinheiro em novos cursos, modificando o conteúdo para novos assuntos, mais "modernos", e a forma para dinâmicas mais vivenciais, mas continuam ainda sem resultado. Pior, os líderes já viram tantos programas que ficam absolutamente confusos com o que realmente devem fazer (aqui também as "modas da administração moderna" infligem um cenário confuso e tortuoso).

Fazemos um paralelo com outros tipos de capacitação que conhecemos e que tratamos de forma totalmente diferente. Qualquer profissional, seja ele administrador, advogado ou engenheiro necessita todo ano de ser capacitado sobre o assunto que ele já está formado? Talvez precise de alguma atualização quando houver novidades. Talvez precise de reforço após alguns anos, mas não é necessário repassar o mesmo assunto de formas diferentes todos os anos. Isso é mais ou menos o que fazemos com o processo de liderança. Se perguntarmos a qualquer participante se existem novidades no curso que ele acabou de participar, ele vai dizer que não. Então o principal problema não é o conteúdo dessas capacitações. O que seria então?

Essencial

Uma das crenças é que precisamos simplificar um pouco as coisas para que os chefes consigam se tornar líderes. Ao rever o conteúdo de um curso de liderança percebemos que o líder necessita ser um super-herói para conseguir lidar com tantas capacidades, habilidades, papéis e conhecimentos, além de ter disponível para si muito mais do que 24 horas ao dia. Começamos a refletir em como simplificar isso tudo e começamos a nos perguntar: "O que é essencial?", "Quais os elementos que efetivamente não podem faltar?"

Priorizar o mais importante sempre é muito complicado e, se tivermos pessoas diferentes envolvidas, certamente teremos listas diferentes. Portanto, o que veremos a seguir é fruto de percepções pessoais e, claro, sujeitas a críticas e posições diferentes. Mas o mais importante não é se a priorização está perfeita ou não, mas é tê-la como uma referência e simplificar o processo de liderança, tornando-o mais eficaz e facilitando, assim, para que o líder se aproprie do conteúdo.

Em nossa reflexão, procuramos definir os limites do que seria simplificar e qual o melhor formato para que os líderes consigam ter na cabeça, o tempo todo, a referência do que seguir.

Forma

Outro ponto que nos faz questionar a efetividade do processo de capacitação em liderança é a forma como ele tem sido feito. Ao analisar o que tem feito diferença na prática chegamos a três fundamentos centrais:

♦ dicas e truques;
♦ técnicas e ferramentas;
♦ sedimentando com histórias.

Dicas e truques

Como gerenciar pessoas não se trata de ciência exata, o que traz um diferencial muito importante para quem deseja resultados é que o ferramental treinado seja de uso prático no dia seguinte e todos os dias. Claro que a base de conhecimento está lastreada em teorias formuladas pelos pesquisadores, mas a adaptação e a reformulação em função dos resultados práticos obtidos é o que faz a diferença. Essa forma de ensinar como fazer reduz muito o tempo e o esforço de quem está aprendendo a começar a obter seus resultados. Alguns dos comentários sobre os cursos padrão em liderança feitos pelas áreas de treinamento das empresas é do tipo "eles entenderam o que é *feedback* e a sua importância, mas ainda não conseguiram colocar em prática". Ora, não é necessário que se ensinem as palavras a serem usadas em um *feedback* e nem o seu conteúdo, mas mostrar as consequências para a empresa e para o próprio líder de ter liderados sem *feedback*. É preciso também explicar que os *feedbacks* precisam ser colocados e inseridos em rituais que tornam sua realização um hábito e quase uma obrigação e, por último, demonstrar o que acontece com um *feedback* sem consequência prática. Portanto, não basta apenas explicar o que é *feedback*, mas sim fornecer dicas e truques que fazem diferença e que tornam a liderança mais tangível.

Portanto, quando falarmos de conteúdo em liderança mais adiante, estaremos buscando sempre esse diferencial e ajudando os líderes a acelerarem a eficácia de seu comando.

Técnicas e ferramentas

Outro diferencial em relação ao conteúdo é o de prover um conjunto de técnicas e ferramentas que facilitam e viabilizam o processo de liderança. Ao passar pelo conteúdo, o líder conhecerá uma série de técnicas e ferramentas, como usá-las e para quê, ao invés de sair com uma metodologia padrão para ser seguida. O conjunto de ferramentas prevê seu uso ou não de acordo com a situação envolvida. A metodologia traz certa obrigatoriedade que acaba sendo interpretada como burocracia e perda de energia, que é tudo o que menos queremos em relação à liderança. Em nossos programas de capacitação sempre recebemos ótimos *feedbacks* em relação ao ferramental que mostramos. Novamente utilizamos a abordagem de consultoria em relação a isso e procuramos sempre trazer o jogo para a prática do dia a dia e usar somente ferramentas testadas e aprovadas que não necessitem de um gênio para sua aplicação. No caso das técnicas e ferramentas, acreditamos que o simples é lindo.

Sedimentando com histórias

Sem dúvida nenhuma, em qualquer programa de capacitação que realizamos, a marca registrada é a das histórias e casos contados. É impressionante o quanto esses casos ficam marcados na memória dos participantes. Anos depois de um curso, ao conversarmos com os participantes, eles nos contam em detalhes as mesmas histórias que ouviram conosco. Em alguns casos, perfeitamente igual à original contada com todos seus detalhes. Em outros casos, a história é ampliada e melhorada. Em outros, é modificada e inserida em outros contextos. Recentemente, contamos uma história que provocou muita mudança em um grupo de líderes. Alguns dias depois, a secretária de um deles ligou pedindo o filme da tal história, com a total certeza de que seu líder tinha visto todo um filme a respeito do tema, quando na verdade havia sido apenas uma história bem contada e melhor ainda reproduzida pelo líder que a ouviu.

As histórias podem ser de sucesso ou de fracasso. Ambas as situações marcam muito. Podem ser ligadas à empresa ou à vida pessoal. Novamente, ambas são muito boas para provocar impacto e reflexão. Em geral trazem emoções à tona que ajudam a manter a atenção e a marcar o assunto, ou seja, fazem rir ou chorar. Outro fator importante nas histórias é que elas trazem realidade para o contexto e permitem que as pessoas se vejam no assunto. Exemplos reais valem muito mesmo!

Além disso, as histórias têm o poder de aumentar substancialmente a retenção do conceito ou da técnica aprendida. A relação de histórias, casos e exemplos reais que coletamos nesse material é especialmente boa e importante como ferramenta didática.

Enfim o que é essencial para a autoliderança

Iniciamos essa introdução falando de um espaço de formação de liderança que está com problemas. Então nossa proposta com este livro é atuar nesse espaço com um conteúdo específico para o desenvolvimento do líder, ou seja, seu autodesenvolvimento.

Em seguida mencionamos que essa capacitação não pode ser uma teoria geral do tudo, mas um conteúdo que chamamos de essencial, ou seja, a base sobre a qual erguemos nossa liderança, sem sofisticações, sem modas, sem adereços vistosos. Entendemos então que nossa melhor contribuição seria abordar cinco temas essenciais:

- ◆ entender o papel do líder;
- ◆ motivação: própria e dos liderados;
- ◆ proatividade como autopropulsão;
- ◆ equilíbrio emocional;
- ◆ o desafio das capacidades.

Mencionamos também que a forma é importante, então procuramos caprichar em dicas e truques que sejam muito práticos e úteis, embora fundamentados em conceitos e ideias produzidos por outros autores. Trazemos sempre que possível uma caixa de ferramentas que seja útil para ser utilizada pelos líderes. Embora toda ferramenta seja algo útil, ela ainda assim requer prática, que só vai ser obtida com o uso. O uso requer a coragem do líder de se expor e entender os resultados obtidos com as ferramentas e ir corrigindo. A lembrança da primeira vez que usamos um martelo com a dica de um avô carinhoso se torna um desastre. Os pregos entortam e o peso do martelo parece inviável. Mas, com a prática, vem o sucesso.

Por último, o livro é composto por histórias como as contadas acima sobre o martelo. No livro procuramos falar da maioria dos casos e histórias que usamos em nossas aulas. Nem todas associadas à empresa, nem todas tão poéticas, mas com a convicção que ajudarão na compreensão e retenção do que tencionamos passar aos leitores.

Nossa grande constatação é que dentro de cada um de nós existe liderança! Sentimos isso durante nossa experiência.

Vimos pessoas apagadas na organização darem saltos de desempenho e motivação! Porém descobrimos que todas as pessoas têm um canto do seu "eu" impenetrável que é o seu arcabouço de conveniências. De nada adiantou aprender a liderar para aquela pessoa que estava, emocionalmente ou por idade, se aposentando, nem para aquela que perdera todas as esperanças na organização em que estava nem tampouco às pessoas que rapidamente se percebem ricas e perdem a ambição de se dedicar aos outros.

Portanto, liderar é para todos, mas nem todos assumem esse papel! Gostaríamos que essas pessoas que não assumem seu papel de líder soubessem que elas não nos enganaram quando disseram que o assumiram, mas enganaram a si próprias porque, ora ou outra, precisarão liderar pessoas em suas trajetórias!

Enfim, este livro está elaborado para provocar reflexões e mudanças na sua maneira de liderar. Foi criado com foco em você mesmo e nos espaços que você tem para se desenvolver. Possui ferramentas que, de acordo com a nossa experiência, produzem resultados práticos e úteis. Daí vem o nome do livro: *Exercendo liderança – O papel do líder, sua motivação, proatividade e equilíbrio emocional.*

1
O próprio líder

Entendendo o seu papel

Será que você entende claramente seu papel de líder?

Nossa experiência mostra que a maioria dos líderes tem um entendimento muito pouco claro do seu papel como líder. Com isso seguem a vida ocupando um espaço que é certamente parcial e deixando vazios espaços muito importantes que, com o tempo, cobram o seu preço.

Em geral os líderes, que precisam decidir assumir o papel de liderar, ocupam o meio da pirâmide. Não são o topo e não são a base. Ocupar esse espaço central não é nada simples. Se ele cola no topo, ou seja, entende bem as necessidades da empresa, sua estratégia, seus desafios competitivos, suas metas, seus clientes, seus processos, seus custos, a inovação necessária e com isso se distancia da base, vai acabar perdendo os liderados e sua confiança, não conseguindo obter bons resultados com a liderança.

Quando se aproximam da base, entendem as necessidades dos liderados, seus problemas, suas dificuldades, os recursos necessários, o volume de demandas, as pressões do dia a dia, mas ao fazerem isso se distanciam do topo, serão vistos e rotulados como sindicalistas e com isso não conseguem a confiança do topo.

Notem que se trata de ocupar todo o espaço e simultaneamente colar no topo e na base, conquistando a confiança nos dois lados desse sanduíche.

Os líderes quando são promovidos costumam achar que ganharam espaço e poder. Costumamos mostrar que, embora **o líder** ganhe espaço e poder, ele **perde muitos direitos** que na atuação da base teria, pois como líder precisa dar o exemplo e estar visível o tempo todo.

O líder perde o direito de falar mal da empresa. Falar mal da empresa significa falar mal do que ele mesmo representa e não faz o mínimo sentido. **O líder perde o direito de falar mal de pares e outras áreas da empresa.** Quando ele faz isso, influencia as equipes de baixo a fazerem o mesmo e joga gasolina na fogueira. Claro que ele pode criticar e discutir problemas com outros pares e outras áreas, mas sempre com o cuidado de essas áreas estarem presentes e, de preferência, sem as equipes de baixo presentes. **O líder perde o direito de estar sem ener-**

gia, desanimado e sem vontade. Quando o líder senta a turma deita. O líder como exemplo precisa estar sempre de pé e demonstrando energia. Claro que liderar cansa, e muitas e muitas vezes desanima. O que fazer? Basta não aparecer cansado. Dê uma volta, saia de cena por um tempo, busque algo que recarregue antes de voltar à luta.

Imaginem um professor cansado e desanimado dando uma aula. Não há como não produzir desânimo e desatenção nos alunos. Sem energia ele não lidera a classe e vai perdendo seus alunos ao longo da aula.

Os líderes acham que foram promovidos, mas, na verdade, foram condenados. Assinaram sua sentença. Ao final do livro veremos que essa condenação vale a pena.

Pior que a condenação é a consciência de que, quanto melhor líder você for, em maiores encrencas você estará. Se você se vir no meio de uma guerra organizacional, pode celebrar sua liderança.

Veremos a seguir como entender melhor seu papel e atuar de forma mais abrangente na liderança.

Administrar tarefas não gera resultados

Os sistemas das empresas para obtenção de resultados sempre estiveram orientados para o aumento dos volumes, quer seja de vendas, de produção ou de projetos, por exemplo. Essa orientação indicava e estabelecia uma rota predefinida a ser seguida pelos profissionais que se acostumaram, também, a essa forma da organização avaliar o seu desempenho. Tornou-se, assim, de certa forma, confortável e prazeroso vencer desafios, utilizando-se de técnicas e habilidades difundidas pela teoria e práticas administrativas.

Essa forma de medir o desempenho gera o que denominamos de gestor regra de três. O crescimento do volume de produção aumentava proporcionalmente o número de pessoas. Para produzir 100 peças, necessitava-se de 10 pessoas; para 200 peças, 20 pessoas. Assim, a área de domínio do gestor cresce e torna-se cada vez maior em função da reação em cadeia.

Embora o cenário dos negócios e organizações tenham sofrido muitas mudanças, já não tão recentes, o foco central dos gestores é administrar tarefas e processos. O predomínio ainda é da ética da hierarquia e prevalece a política de resultados de curto prazo. A relação entre gestores e funcionários é de comandante--comandado, em que os resultados descem pela pirâmide organizacional em forma de cascata.

As tarefas baseiam-se em técnicas que fazem parte normalmente da formação e da experiência do gestor. Assim, elas o deixam em uma zona de conforto. Além disso, as tarefas são iguais aos que já sabem realizar e, por não serem mudanças, trazem baixo risco. É muito cômodo trabalhar com instrumentos e técnicas conhecidos e de domínio.

Em muitos casos a história da pessoa, que forma a bagagem profissional, acaba por dificultar a assimilação de novos conceitos. Em função de sua formação técnica, muitos profissionais podem adotar um comportamento predeterminado ao qual foram moldados em sua área de especialidade, o que pode fazer com que tenham dificuldade em discutir e assimilar conhecimentos fora de sua área de especialização.

Os profissionais, que valorizam o conhecimento técnico, ao assumir posição de liderança normalmente assumem que gerenciar é administrar as tarefas, a rotina, e fazer com que as metas sejam alcançadas, resolvendo os problemas de forma técnica. Esse conjunto de crenças e práticas apresentou resultados no período em que era a empresa que colocava ritmo aos saltos de *performance* e à inovação. Hoje, no entanto, apenas o conhecimento técnico não é suficiente para o exercício de suas atividades.

Não faz muito tempo em que o topo da empresa era formado por profissionais com grande conhecimento técnico. Normalmente eram os fundadores da empresa que conheciam profundamente todos os processos e, desta forma, sentiam-se seguros ao lidar com os assuntos relacionados a sua gestão. A dificuldade estava em realizar um planejamento estratégico ou mesmo em tratar com sistemas de gestão. Se formos analisar com mais profundidade, podemos afirmar que, na verdade, não havia definição de resultados e nem de como atingi-los, pois o conhecimento não havia sido propiciado nem pela formação acadêmica nem pela prática profissional.

Você é ou está gestor?

É indiscutível que gestores trabalham muito, quer administrando as tarefas do dia a dia, quer criando meios e procedimentos para coordená-las. Muitas vezes, criam-se comitês ou grupos de trabalho em que, em conjunto, buscam-se ideias e formas para resolver problemas. No entanto, na maioria das vezes não há o comprometimento das pessoas com o resultado.

O foco na tarefa educa e molda os liderados, sem a preocupação com os resultados. Se o chefe cobra a tarefa, eu me preocupo com o que é cobrado. E isso já é muito. Portanto, preocupar-se com resultados vira coisa de chefe. Daí a percepção dos líderes de que as equipes são alienadas!

De forma sintética, podemos afirmar que os cargos gerenciais foram ocupados por profissionais com capacitação técnica, com pouca habilidade para relacionamentos interpessoais e para atuar e decidir em condições de risco. Daí a necessidade de cursos na área comportamental, técnicas para solução de problemas, condução de reuniões e apresentações e, finalmente, cursos de gerenciamento de pessoas.

É comum presenciarmos contradições nos programas de treinamento gerencial. O celular toca e é o superior questionando sobre tarefas incompletas, ou o próprio gestor utiliza todo o tempo do intervalo do curso ligando para o escritório para falar sobre questões técnicas ou prazos com os subordinados. Isso é tarefa, e o resultado?

Você é ou está gestor? O fundamento do gerenciamento não é a realização das tarefas, mas a busca do resultado contínuo e constante. Se o seu chefe cobra a realização de tarefas, você também cobra de sua equipe a realização de tarefas de curto prazo, fortalecendo a prática de realização de tarefas. Se um novo funcionário é contratado na equipe, o que acontece? Ele começa cheio de ideias e sugere novas soluções a antigos problemas. Mas surgem as tarefas e a pressão por prazo! Não percebendo que sua chefia valorize suas ideias, em quatro ou cinco meses, desestimulado, ele para de apresentar sugestões, não consegue mais ver solução para os problemas e avalia os problemas como de difícil solução. Assim, ele está integrado. Ficou míope, já não pensa, trabalha em problemas e tarefas conhecidos.

A realização automática de tarefas faz com que os profissionais parem de pensar e percam de vista o motivo pelo qual as estão realizando. A atividade se torna um objetivo fim em si mesma, um objetivo falso. Muitas tarefas nunca se transformam em produto. Como exemplo, são os relatórios extensos, de difícil elaboração, retrabalhos e ausência de sinergia e que se tornam inúteis porque não criam inovação e nem colaboram para a melhoria do resultado da organização.

Então, como colocar na bagagem profissional das pessoas o foco no resultado? Elas estão dispostas a ser de fato gestoras ou estão confortáveis em suas posições, utilizando somente suas habilidades e conhecimentos técnicos? A sucessão de seus dias é dedicada à execução de tarefas e não lhes sobra tempo? Essas pessoas estão aquarteladas em seu desempenho adaptado à situação, fazendo de sua atividade contínua uma muralha de proteção! Você é ou está gestor? Ser gestor não é ser promovido. É assumir, nesta ordem, novas competências e práticas profissionais.

Gestor técnico, equipe alienada

Como exemplo, imagine uma equipe formada para realizar tarefas e chefiada por um gestor técnico. A equipe assume como foco o trabalho sob a pressão da tarefa. As dificuldades que surgem são interpretadas como a necessidade de "mais braços", ou de maior volume de produção, e maior rapidez em sua execução. Mas o que realmente melhoraria substancialmente o resultado da área e seu desempenho? Com certeza, não são as tarefas executadas com rapidez. O que muda substancialmente o resultado são os "desafios de cabeça": gerar novas soluções, estimular o raciocínio e experimentar novos modelos.

Se o líder acorda para essa armadilha e inicia uma puxada focada em resultados e exige mais do time, ele vai sentir uma reação adversa e uma resistência do time. "Eles ficam de bico." Crescer dói e as pessoas estão acomodadas na mesma armadilha que os gestores. Criamos o termo "empudinhar" para expressar essa acomodação. Quando fazemos um pudim, ele inicialmente está quente e pastoso. Ao colocá-lo em forminhas, ele adota exatamente o formato das forminhas. As pessoas se "empudinham" e adotam o formato das forminhas que as colocamos. Parte do trabalho então é de "desempudinhar" e pode provocar uns bons conflitos na equipe.

Por muitos anos, as organizações criaram, reconheceram e premiaram funcionários tarefeiros, que executavam tarefas repetitivas, maçantes, de ciclo operacional curto, com boa remuneração, boas refeições, transportes e assistência médica, bônus e promoções na carreira. Funcionários seguros e confortáveis, satisfeitos com o *status* que o logotipo da empresa propiciava e sem qualquer preocupação com o seu próprio desenvolvimento. A chave para o sucesso era: manter a produção e ser leal, tanto ao chefe quanto à empresa.

Quando as pessoas dão valor ao seu crescimento? As pessoas reconhecem e sentem a necessidade de crescer quando sentem o risco de parar e de estagnar. Aquele que está no mesmo cargo por muito tempo, com boa remuneração e benefícios, sente-se confiante com o que sabe e faz e na relação com os superiores e equipe... A sensação de bem-estar entorpece a percepção, enquanto que o risco leva à busca de novas direções e rumos.

O papel da liderança

Mas, então, qual seria o verdadeiro papel do gestor e do líder? Em nossos cursos costumamos abrir este diálogo usando a figura abaixo como referência, que foi adaptada a partir das ideias de R.W. Beatty, M. Huselid e Schneier – Organizational Dinamics – The New HR metrics. Ela forma um quadro geral como se fosse um índice do que seria o papel da liderança.

Papel da liderança

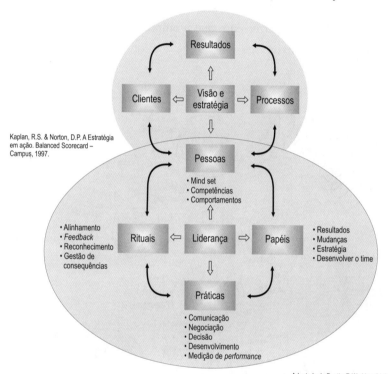

Kaplan, R.S. & Norton, D.P. A Estratégia em ação. Balanced Scorecard – Campus, 1997.

Adaptado de Beatty, R.W., Huselid, M. & Schneier – Organizational Dinamicas – The new HR metrics Elsevier, 2003.

A elipse superior mostra um quadro BSC (*Balanced Scorecard*) estratégico da empresa. O papel do líder não pode ser exercido sem que a primeira elipse esteja muito clara para ele e todos os seus desdobramentos. Se o gestor não conhece a estratégia, ele precisa ir buscá-la e não se acomodar com a frase "ninguém me contou". Parte do papel do líder é entender como vai contribuir efetivamente para fazer com que a empresa em seu maior nível atinja seus objetivos.

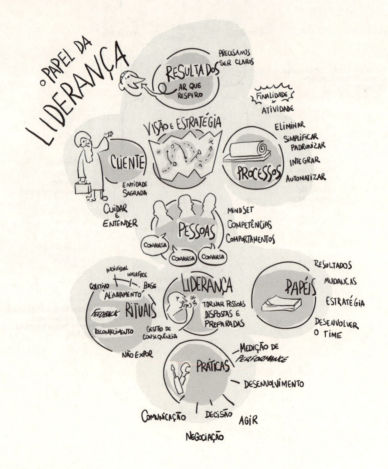

Visão e estratégia

Um líder não lidera, nem pode liderar apenas o dia. É o que acabamos de falar sobre a tarefa. Se o fizer, ele perde o sentido de caminho, de futuro e, muitas vezes, caminha em círculo, avançando pouco e perdendo competitividade.

Entender o futuro, o negócio, o que queremos pode ser complicado e trabalhoso. Por isso, muitos se limitam a dizer: "Diga o que a empresa quer de mim, que eu faço". Mas o líder precisa avançar mais nesse assunto, questionar e entender efetivamente como ele e sua área fazem parte do desenho futuro da empresa.

A visão do futuro pode variar desde um cenário otimista e favorável, no qual a competitividade está sob o domínio, até um ambiente caótico, no qual a competitividade mais parece um cenário de guerra do que um tranquilo ambiente de quartel.

Se for ambiente de guerra, precisamos deixar a liderança preparada para ela. Guerras exigem esforços especiais, disponibilidades totais, sacrifícios amplos e sofrimento. Se parte da liderança se comporta com os procedimentos de quartel durante a batalha, pode ter certeza de que a guerra será perdida.

Parte do trabalho do líder é colocar sua equipe emocionalmente dentro da guerra em que estão. É muito comum vermos os líderes conversando com os liderados, tentando em vão passar o sentido de urgência para eles. Frequentemente vemos liderados comentando: "Calma, chefe!" Calma? O cenário não tem nada de calmo. As balas estão voando para todos os lados e a equipe pede calma! Pois esta equipe é desalinhada e não vai lutar direito.

Determinadas organizações pelas suas características e/ou pelo nível de vulnerabilidade do ambiente de negócios não têm uma estratégia definida. Nesses casos cabe ao líder ter uma aguçada leitura do ambiente onde a organização está inserida para que posicione sua atuação equivalendo, portanto, a uma leitura de estratégia.

É o centro gravitacional da empresa e que garante sua perenidade. Kaplan e Norton, famosos autores sobre este assunto, sabiamente desdobraram a estratégia em quatro satélites: **resultados, clientes, processos e pessoas.**

Resultados

A empresa não vive sem eles, assim como nós não vivemos sem ar. O foco na tarefa faz muitos líderes perderem a visão dos resultados. Acionistas exigem resultados financeiros e retorno acima da média de mercado sobre o investimento feito. Portanto, qualquer que seja seu papel de líder, você precisa se questionar qual a sua contribuição efetiva para o resultado. Muitos líderes acabam se alienando dessa responsabilidade.

Os resultados precisam estar visíveis e pulsantes. Liderados precisam se envolver com esse assunto todos os dias o tempo todo. Quando o líder somente fala de resultados uma vez ao mês de forma fria e distante, pode ter certeza que os liderados seguirão esse estilo. Portanto, os resultados precisam estar nas paredes, visíveis, machucando e acariciando a todos. Nesse sentido a palavra pulsante é muito sugestiva.

O sistema de resultados é o sistema de responsabilizar as pessoas pelo que deve ser feito.

Clientes

É deles que provém o dinheiro e o resultado da empresa, e, portanto, o retorno sobre os investimentos feitos. Novamente, quando determinadas funções estão longe do contato com os clientes, vemos que os líderes não atribuem a devida importância, ou estão totalmente anestesiados, aos problemas que estes possam estar sofrendo.

Tivemos um cliente recente que lidava com aplicações em dinheiro de seus clientes. Estávamos interagindo com a área de TI que recentemente havia implantado seu ERP em tempo recorde, sem uma implantação em paralelo com o sistema anterior. Viraram a chave e pronto! Coisa ousada, mesmo. Resultado, desastre. Os clientes não conseguiram nem ver seus extratos das aplicações. A empresa virou um caos. Nesse momento, conversávamos com o diretor de TI e ele falava que sua principal preocupação era a montagem de uma nova área que ele chamaria de Governança de TI e que seria responsável pela elaboração do plano diretor de 20 anos. Quando indagado quanto ao caos presente, ele responde: "Em TI essas coisas são normais". Não há como estar mais alienado em relação aos clientes! Não é preciso dizer que um líder como este não tem vida longa na empresa.

Clientes têm problemas que precisam ser resolvidos. Os problemas reincidentes vão acomodando a liderança, que acaba não se sensibilizando mais. São os chamados calos organizacionais que acomodam e acolchoam os problemas. Em pouco tempo o cliente deixa de ser ouvido e passa a fazer parte do cenário. Nisso se incluem os clientes internos também. Neste momento estamos nos distanciando do papel do líder.

Processos

Também ouvimos muitas queixas dos líderes em relação aos processos da empresa: "Não temos processo!", "Nosso foco não é processo!", "Nossos processos não estão mapeados... documentados!" Falam de processos como se não fosse com eles. O líder é responsável pelos seus processos. Se não tem processo, é porque o próprio líder não se sente responsável por isso.

Outro discurso: "Não temos inovação!" Como se não fosse um assunto dele. Os líderes precisam entender que tudo que é relativo aos processos faz parte de seu papel. O líder é responsável pela otimização dos processos, otimização de custos, evolução e inovação. Ou seja, esse assunto "processo" é com ele. Os processos precisam evoluir e sempre que falamos neles me lembro das quatro atividades:

1) Eliminar. Algumas atividades, tarefas e ações que fizeram sentido e foram importantes em alguma época podem perder o sentido com o passar do tempo. Esquecemo-nos de perguntar se precisamos continuar a fazer tudo o que fazíamos.

> A menininha pergunta para a mãe:
>
> – Por que você corta as pontas do rocambole antes de assar, mamãe?
>
> – Não sei, filha. Nunca parei para pensar nisso. Sua avó me ensinou assim. Vamos perguntar a ela.
>
> A avó explica que corta a ponta do rocambole porque simplesmente a fôrma que ela usava era pequena e não cabia. A fôrma de assar da mãe era grande. Cortar a ponta não fazia sentido, mas a mãe simplesmente seguia o processo sem questionar.

Muitas coisas nos processos precisam ser eliminadas, pois não agregam valor. O papel do gestor é perguntar a si mesmo o que pode ser eliminado do seu processo. As equipes têm pouca chance de fazer essas perguntas, por isso a ênfase dessa abordagem ao papel do líder.

2) Simplificar. Os processos são complexos e se tornam cada vez mais complexos com o tempo. Vamos inserindo precauções, proteções, reduções de risco, folgas e amortecedores que tornam o dia a dia muito mais lento e burocrático do que seria o razoável. É preciso ser criativo e estar sempre procurando formas mais simples de fazer as mesmas coisas.

> **Toti Loriggio** – Um dos primeiros trabalhos que recebi como analista de uma grande empresa foi estudar e propor uma forma mais simplificada de fazer o registro e o controle de produção de uma operação industrial. Existiam diversas máquinas diferentes que eram controladas por boletins de produção que usavam formulários diferentes, com conceitos de paradas diferentes e com formas de registro diferentes.
>
> Ao longo dos anos, diversas iniciativas de melhorar o controle de produção foram introduzindo complexidades. Uma das máquinas apresentava uma lista de 90 códigos diferentes de motivos de paradas de máquina. Analisando o problema sob a ótica de gestão da produção, cheguei a dois formulários padrão e 9 códigos (um dígito!) que atendiam a todas as máquinas. Mais simples de preencher, mais simples de controlar, mais simples de consolidar, mais simples de analisar. Ou seja, melhora o processo.

Nesse caso, precisou uma pessoa de fora do processo para ter a ideia e provocar a mudança. O líder deveria ter tido a iniciativa!

3) Integrar. Isolar e tratar é sempre mais fácil que integrar. Para facilitar as coisas, isolamos e tratamos tudo. Integrar dá trabalho, gera conflitos e problemas. Entretanto, é certamente uma das principais fontes de ganhos nos processos. Juntar coisas que são feitas separadas sempre dá ganhos de tempo, recursos e custos.

4) Automatizar. Sempre achamos que existem trabalhos que são repetitivos, chatos e de pouco valor agregado e que não merecem uma pessoa fazê-los. Nesses casos, e associados às fantásticas facilidades que a tecnologia nos tem trazido, entendemos que o papel do líder deve ser de tentar eliminar essas atividades através de automações, planilhas e informática.

Note que a sequência dessas ações não é aleatória. Primeiro, elimine tudo o que é possível. Depois, simplifique ao máximo. Integre, integre e integre novamente. E só depois disso tudo, automatize.

Pessoas

Alinhando o mindset

Quando falamos de pessoas, um novo centro gravitacional surge, que é a **liderança**, representada na figura pela elipse inferior. A liderança precisa garantir que seu time esteja com o **modelo mental (*mindset*)** certo, ou seja, com as prioridades de negócio, o processo decisório e seus decorrentes riscos conhecidos e o raciocínio de negócio uniformemente comunicado a todos. Temos presenciado muitos líderes reclamarem que precisam estar presentes para que as coisas saiam certas, sem desconfiarem que seu papel é orientar e alinhar seus liderados para que eles saibam antecipadamente o que é certo e o que não é. O alinhamento não é automático e tem um preço em termos de tempo do gestor. Mas esse investimento tem retorno garantido quando seu time está com o modelo mental correto.

Estamos desta forma claramente colocando a importância de alinhar o risco que o gestor sente com o risco que a equipe percebe, lembrando que a percepção de risco não é somente através da fala e sim do exemplo.

O *mindset* precisa ser sentido e percebido. Imagine que o presidente da empresa o chama e faz uma daquelas solicitações muito complicadas, estipulando um prazo que exigirá todo o esforço de seu time, tendo que virar a noite, mas que será de extrema relevância para a grave situação enfrentada. Quando você tentar repassar a demanda ao seu time, certamente ouvirá lamúrias e lamentações. O *mindset* não está alinhado. Se, por outro lado, parte da equipe estiver junto com você ouvindo diretamente do presidente a necessidade e a urgência, você conseguiria um alinhamento muito mais fácil com a equipe. O time teria uma percepção do risco imediata. Alinhar o *mindset* muitas vezes é conseguir uma percepção de risco única e alinhada.

Competências e comportamentos

As pessoas precisam estar igualmente preparadas e dispostas com suas respectivas **competências** e **comportamentos**. Será que seu time está preparado para o desafio a que sua área está submetida? Ele possui a musculatura suficiente para o salto? Muitos gestores respondem a essa pergunta de forma conformista: "É o pessoal que me deram", ou mesmo: "Foi o que o RH conseguiu com o salário que pagamos". Essas respostas, embora realistas, não irão lhe levar ao sucesso como gestor. Collins, em seu livro *Feitas para vencer*, comenta "primeiro as pessoas certas", ressaltando a prioridade de ter pessoas preparadas para trabalhar em nosso time. Seu papel, portanto, é não se acomodar com o que tem e sim lutar pelo que você precisa. Outra resposta comum é: "Meu pessoal é muito esforçado". Isso é apenas parte do desafio! Representa a disposição a que nos referimos antes. Mas pessoas apenas dispostas podem não ter os músculos para vencer.

Toti Loriggio – Quando era bem jovem, alimentado por certa paixão de pai e parentes que praticavam voleibol, também me apaixonei pelo esporte. Meu tio e padrinho, usando suas influências, arrumou-me uma vaga como militante (atleta não sócio) de um grande clube em, naquela época de 1972, um dos expoentes do esporte em São Paulo e no Brasil. Entrei como federado na categoria Mirim, na qual a estatura não fazia tanta diferença e encontrei certo espaço para jogar. Sempre me destaquei pelo esforço nos treinos. Até ganhava sempre os vale-lanches extras como prêmio pelo atleta mais esforçado. Não era titular absoluto, mas entrava nos jogos e era o segundo ou terceiro levantador do time.

O time era muito forte. Forte mesmo e usualmente ganhava os campeonatos de que participava. Alguns atletas viraram profissionais e ganharam medalha de prata em olimpíadas (geração de prata) e que iniciaram a atual fase e fama do voleibol brasileiro.

O fato é que o tempo foi passando e esses colegas de esporte foram crescendo, alguns muito mais do que eu. As categorias foram evoluindo de Mirim para Infantil, de Infantil para Juvenil. Quando eu estava prestes a entrar no Juvenil, o técnico (também um nome muito famoso que virou comentarista de televisão) me chamou de lado para uma das conversas mais difíceis que já tive. Ele começou falando que estava montando um time juvenil para ganhar todas as competições pela frente. Argumentou que o voleibol dali para frente exigia altura física, mesmo para o levantador, para efeito de bloqueio na rede. Elogiou meu esforço, inclusive meus treinos extras de impulsão para aliviar minha baixa estatura, mas que ele havia imposto uma altura mínima para o time juvenil e eu estava bem abaixo dela. Com isso, eu não poderia nem mesmo estar entre os reservas (naquela época não havia a posição de líbero que não depende da altura).

Foi uma grande frustração para mim, mas entendi que minha vontade não era suficiente para o nível de competição que estaria entrando e que a estatura física limitava minha competência e meu preparo.

Com certeza, o mesmo ocorre nas equipes das empresas. Vemos pessoas com "baixa estatura" na profissão que tentam se sustentar apenas pelo esforço. Alguns líderes se apaixonam por esse esforço e comprometimento e mantêm essas pessoas. O resultado é ruim para ambos, pois se perde em resultado. A pergunta a ser respondida sempre é: Qual o campeonato que preciso ganhar? Da resposta a essa pergunta vem a seguinte: Qual o time de que preciso? Montar o time com o preparo certo, a disposição certa e o *mindset* alinhado é um dos papéis principais do líder.

Equipes alinhadas, preparadas e dispostas efetivamente são capazes de voar, e o papel do líder é fazer com que suas equipes tenham esses atributos.

Rituais

Os rituais são as liturgias organizacionais praticadas e repetidas com a finalidade de orientar e modelar os comportamentos e as práticas que necessitam ser enfatizados e que demonstram que o líder os consideram importantes. Todo gestor possui uma série de rituais, mesmo sem tê-los planejado. A forma como você conversa e atua com seus liderados é implementada através de rituais que se repetem ao longo do tempo. Seus rituais são rapidamente lidos pelos liderados e eles se adaptam a eles, reduzindo ao mínimo o atrito com o líder. Mas o importante sobre os rituais é que eles não deveriam servir para reduzir o atrito e sim para cumprir alguns papéis importantes.

Os rituais de **alinhamento** garantem o sincronismo da equipe. Precisamos ressaltar dois rituais importantes: alinhamento coletivo e alinhamento individual.

Alinhamento coletivo

Todo time necessita estar algum tempo junto para compartilhar informações, ajustar compromissos e fazer rodar as interdependências. Além disso, o ritual coletivo promove a sociabilidade tão necessária para que o time funcione. Nele, apesar de algumas vezes ocorrerem atritos e discordâncias, ocorrem também as limpezas das diferenças dos relacionamentos, tão necessárias em ambientes atribulados e competitivos. Além disso, o *mindset* do time é estabelecido pelo líder no ritual coletivo. Quanto menos alinhado é o time, mais necessitará deste ritual. Quanto mais interdependências entre os participantes, também mais tempo junto o time precisa estar. Por último, quanto mais espírito de time o desafio da área exigir, novamente, mais tempo junto será necessário. Não existe uma regra, por exemplo, reuniões semanais com duração de duas horas. Cada time exigirá um ritual que atenda às finalidades mencionadas. Outro ponto é que o ritual precisa ser alterado e modificado para não se tornar maçante e repetitivo. A modificação periódica do ritual é essencial para não deixar o grupo se acomodar. Mudar a frequência, a duração, o local, a dinâmica faz com que ele esteja sempre funcionando sem acomodações. Uma das funções do ritual é sempre reforçar o estado de alerta do time. O líder erra quando insere assuntos individuais com os elementos de sua equipe durante o ritual coletivo. Além de expor indevidamente os problemas individuais, o que pode provocar constrangimento entre os participantes, acaba ocupando o tempo de todos para assuntos que, em geral, não lhes dizem respeito.

Alinhamento individual

Somos favoráveis a que todo liderado tenha um ritual formal com hora e local marcado para conversar com seu líder. A pauta pode ser ampla como o acompanhamento dos projetos, as tomadas de decisão conjuntas, a resolução dos problemas, a discussão dos recursos, a definição das prioridades e a atualização sobre as pendências em ambos os lados. Ao realizar esta pauta o líder aproveita para ensinar o que precisa ser ensinado, orientar e corrigir o que precisa ser corrigido e definir o que precisa ser definido. O ritual individual é um ritual de liderança vital para que o líder seja percebido e se aproxime com propriedade do liderado e de seu desempenho. Claro que há outras formas de fazer, como, por exemplo, ir até o liderado a cada pendência e demanda que você quiser passar, ou esperar que ele venha até você trazendo os problemas do dia a dia e as decisões que precisam ser tomadas. Acreditamos que desta forma sua liderança assumirá um estilo totalmente reativo e parcial com pouquíssimo tempo e foco ao desenvolvimento tão necessário de cada liderado. Realizando rituais individuais formais os liderados se preparam para este momento, e com isso se desenvolvem e assumem mais responsabilidade. Note que, por serem individuais, esses rituais podem ser diferentes entre os diversos liderados. Liderados mais desenvolvidos e maduros podem exigir muito menos tempo e frequência, enquanto que liderados mais iniciantes e/ou problemáticos podem exigir maior foco de sua parte.

O líder também precisa combinar um pouco a forma de como devem funcionar essas interações. Ambos os lados precisam saber o que é importante ao trabalhar conjuntamente.

> **Pedro Mandelli** – Lembro sempre de um executivo de uma mineradora que, ao assumir a presidência da mesma, vindo de uma empresa de fora, me chamou para participar de sua reunião inaugural com o seu nível direto de executivos, todos eles com muitos anos de empresa. Ao iniciar, o presidente fez uma abertura, mostrando que, embora conhecesse pouco da empresa em si, conhecia muito do mercado em que ela se encontrava e dos desafios competitivos que o segmento encararia no futuro. Depois foi ao *flip chart* e escreveu quatro comportamentos que, para trabalhar com ele no time, não se poderia abrir mão. Um dos assuntos era "Trabalhar de portas abertas", outro era "Não dar bola nas costas" e mais outros dois. Para cada comportamento ele pediu que seus diretos desdobrassem o significado de cada comportamento sob a ótica de cada um e que apresentassem essas interpretações para que, ao final, houvesse um consenso sobre o que era aceitável ou não nesse novo relacionamento que estava surgindo. O presidente estava contratando com seus liderados a forma de trabalhar esperada. Terminaram o *workshop* com um contrato de conduta que regeria o comportamento do grupo. Também combinaram que quem violasse o contrato estaria fora e que não haveria complacência neste caso. Em pouco tempo, um dos diretores, ao realizar o orçamento da área, omitiu do presidente valores importantes para conseguir vantagens e aprovar investimentos, violando as-

sim a regra da "bola nas costas". Não preciso nem dizer que o diretor foi dispensado e que o grupo entendeu a partir daí a força que um time tem quando as coisas ficam bem combinadas.

Feedback, reconhecimento e gestão de consequências são outros rituais que devem ser estabelecidos em momentos, frequências e durações específicos, de acordo com as necessidades de cada time e legítimos com o estilo pessoal do líder. Eles devem ser planejados para atingirem um fim específico. Por exemplo, o depoimento de um gestor que comentava sobre um ritual de alinhamento individual que eu costumava ter com seu líder, que consistia de uma reunião quinzenal com a duração de meia hora para discutir o andamento dos principais objetivos e a tomada em conjunto das decisões mais importantes. Preparou-se bastante para a primeira reunião, pois não sabia direito como seria. Procurou restringir os assuntos aos mais vitais, sabendo das restrições de tempo envolvidas. Na primeira reunião, o chefe recebeu-o em sua sala e, sem parar de responder a seus e-mails, iniciou a reunião. Ele falava dos assuntos mais importantes de sua área e que exigiriam toda a atenção possível... e ele respondendo e-mails. Chegou a comentar se ele preferia terminar de responder os e-mails antes de continuar, mas ele, sem perceber o incômodo, comentou que continuaria daquela forma, pois ele "conseguia" fazer as duas coisas ao mesmo tempo. E assim se instaurou um ritual, em que ele cada vez levava menos assuntos e o líder cada vez menos se interessava, até o momento em que ambos propuseram não fazer mais a reunião, uma vez que os assuntos poderiam ser melhor resolvidos via e-mail.

Outro ritual muito percebido pelos liderados é o de elogio ou punição. Muito frequentemente quando perguntamos aos liderados como são seus chefes em termos de *feedback*, eles respondem que o chefe dá muita bronca, mas elogios nem sempre. Muitos cometem um erro frequente de fazer tanto o elogio quanto a bronca no mesmo momento. Elogio e orientação corretiva são importantes, mas, quando usamos o mesmo ritual para ambos, não consolidamos nem uma coisa nem outra. Não obtemos nem o efeito motivador de um elogio, nem o efeito de fazer a pessoa repensar a orientação corretiva. Separar esses rituais ajuda a obter os efeitos que desejamos.

Autoestima das pessoas é o grande propulsor de engajamento. Quando o gestor não cuida dela com elogios e consequências nas horas corretas, ele pode estar afetando diretamente a autoestima dos liderados ou seu engajamento.

Entretanto, os gestores costumam errar nos elogios e nas consequências. O elogio deve acontecer sempre em uma situação em que o liderado faz um "feito superior", que é uma superação de seu próprio desempenho. Entenda sempre que o feito superior está associado a quem o está realizando e não em comparação ao que o líder faria. Portanto, uma realização bem simples pode ser um feito superior para um iniciante, ou um atingimento de meta pode ser um feito superior para quem estava muito abaixo dela. Por outro lado o mesmo raciocínio se aplica a um feito inferior. O elogio e a gestão de consequências não podem ser desperdiçados em situações normais com o risco de perderem o efeito.

Pedro Mandelli – Certa vez cheguei de viagem em casa e encontrei a prova de Matemática de meu filho presa com ímã na geladeira. Ela ostentava uma magnífica nota 11. Curioso e animado, perguntei ao meu filho como alguém consegue tirar 11 numa prova que vale 10. Ele orgulhosamente respondeu que tinha resolvido um dos exercícios de duas formas diferentes e que, como forma de reconhecimento pelo resultado, a professora havia decidido diferenciar sua nota daqueles que não haviam tido esta iniciativa. Comentei: excelente, filhão! Parabéns! Mas notei que isso não foi suficiente naquele caso. Então perguntei: "O que você gostaria de ouvir como elogio?" Ele respondeu: Quero ouvir quantas vezes na sua vida você tirou 11. Filho, eu nunca tirei 11 na minha vida e foram muito raros os 10. Você realmente foi muito além! Aí sim vi seu semblante comemorar e sua autoestima inflar. Os jovens são muito competitivos e ele queria um elogio também competitivo comigo. Claro que notei que, apesar do 11, a letra e a organização da prova estavam um desastre. Se falo desse assunto naquela hora eu estrago tudo. Deixei para falar de letra e organização num outro dia e com outro foco.

Práticas

As práticas consolidam a liderança como valor percebido pelos liderados. O que o líder acredita somente pode ser validado com o que ele pratica. A **comunicação** é a primeira das práticas do líder; ela precisa ser especial, pois ele luta contra outra forma de comunicação extremamente eficaz, que é a "rádio peão", que se caracteriza pela negatividade, ironia e por alastrar a inveja, ou seja, tudo o que não desejamos ver disseminado. Dessa forma, o líder tem o papel de ser exímio comunicador e prestar toda a atenção do mundo à comunicação e garantir a vitória sobre a rádio peão. Muitos cursos de liderança se baseiam fortemente na comunicação que o líder deve exercer. Abaixo, estruturamos algumas variáveis para que você se questione como anda a sua comunicação:

1) Interlocução: comunicação um a um ou coletivamente. O comportamento do líder deve ser diferente, dependendo da interlocução envolvida. Uma das grandes preocupações nesse assunto é quanto ao líder de personalidade introvertida. Falaremos um pouco mais adiante sobre a personalidade do líder, mas em termos de comunicação o líder não pode correr o risco de deixar de exercer seu papel em função de sua personalidade. Mesmo com esforços extras, o líder deve garantir que está exercendo a comunicação com todo o tipo de interlocução necessária.

2) Poder envolvido: chefe, pares e subordinados. Cada nível na organização necessita de um tom diferente de comunicação que está ligado ao poder envolvido com cada uma dessas camadas. Ajustar esse tom é uma das práticas de comunicação do líder eficaz.

3) Objetivo: alinhar, confrontar, orientar, mobilizar, influir, mandar e relacionar são todos objetivos diferentes e requerem estratégias específicas de comunicação.

4) Sentido: falando e ouvindo. Comunicação tem sempre dois sentidos. A reclamação mais geral é que os chefes não sabem ouvir. A escuta ativa é aquela na qual o que a pessoa,

com a qual estamos interagindo, fala deve alterar a resposta que eu irei dar. Perceba que muitas vezes, independentemente do que seu interlocutor está falando, eu já tenho uma resposta pronta, o que é o oposto de escutar.

Toti Loriggio – Estava justamente lendo sobre o conceito da escuta ativa, alguns anos atrás, quando meu filho, na época com 18 anos, me chamou para conversar. Ele estava cursando o primeiro ano de Engenharia na Escola Politécnica. O mesmo curso que eu, meu irmão e meu pai fizemos e, por experiência própria, todos nós passamos por um período de adaptação difícil, justamente no primeiro ano da Engenharia. Na verdade, eu achava que sabia o que meu filho queria me dizer, pois já havia vivido aquilo antes. Justamente por estar estudando o assunto escuta ativa, percebi que eu já estava com a resposta pronta e que se seguisse daquela maneira não estaria escutando. Nessa hora mudei minha postura e fiz um enorme esforço para escutar o que ele estava me dizendo. Ele, nas suas palavras, disse muito mais do que estava com problemas de adaptação. Ele falou que não estava feliz. Isso era muito mais forte do que eu esperava e minha resposta, que estava pronta, seria totalmente insuficiente para a situação. Minha resposta foi então reformulada para dizer que ele teria todo o meu apoio para mudar de faculdade, se efetivamente tivesse certeza de um novo caminho, e que eu tinha certeza de que, se ele efetivamente quisesse, poderia entrar em qualquer outra faculdade, mas não poderia correr o risco de não ser feliz. Mencionei que, apesar de eu ter muito orgulho de ele fazer a mesma faculdade que eu, meu irmão e meu pai, isso era absolutamente irrelevante para essa decisão e que não deveria influenciar na sua escolha. Somente após, comentei da minha experiência no primeiro ano, mencionando as vivências de meu irmão e meu pai. Fiquei muito satisfeito com a minha liderança naquele momento, pois tive a certeza de ter escutado. O líder que escuta responde melhor às necessidades de seus liderados.

O processo de comunicação é complexo e certa vez me ensinaram que existem quatro conversas simultâneas:

♦ O que eu disse.

♦ O que eu queria dizer.

♦ O que ele escutou.

♦ O que ele pensou que escutou.

Portanto, toda atenção a essa prática ainda é pouca. Uma última dica. O silêncio também é parte da conversa. Muitas vezes é preciso deixar o silêncio trabalhar um pouco e não querer ocupar todos os espaços com a fala.

Outra prática que precisa ser desenvolvida é a **tomada de decisão**, quer seja coletiva, quer seja individual, mas sempre com o líder assumindo sua responsabilidade por esse assunto. As responsabilidades da área não são delegáveis. Um líder delega a atividade e a autoridade para realizá-la, mas não a responsabilidade sobre ela, que pode ser no máximo compartilhada. A tomada de decisão é efetivamente uma das principais práticas do líder e uma das razões para a sua existência na organização. Precisamos de um responsável por decidir. Decidir é fazer escolhas. As escolhas que precisam ser feitas envolvem situações incertas e que afetam um futuro que é desconhecido. Daí o caráter estressante que envolve o processo decisório.

Decidir nem sempre é uma **negociação**. Alguns líderes tornam-se reféns da equipe e se colocam em uma negociação quando se trata de uma decisão. Nem sempre a decisão deve e pode ser negociada. Principalmente quando altera o conforto da equipe, o líder precisa adotar decisões que são impostas. Claro que conseguir o apoio da equipe sempre traz a facilidade na implementação, mas nem sempre isso é possível.

É preciso discernir três momentos em relação ao processo decisório:

♦ *Discussão*: devem ser apurados os fatos, as causas, as percepções e as opiniões. A discussão precisa ser limitada. Discussões intermináveis atrasam o processo decisório e são improdutivas.

♦ *Decisão*: devem ser alertados os riscos de cada alternativa e feita a melhor escolha diante do que se tem disponível. Lembramos sempre de que a responsabilidade final pela decisão é **sempre** do líder. Essa responsabilidade é indelegável.

♦ *Ação*: devem ser colocados todos os recursos e ideias disponíveis para fazer a melhor implementação possível da decisão tomada.

Muitos querem agir ou decidir na hora da discussão o que está errado. Cabe ao líder em certo momento interromper a discussão e passar para a decisão.

No momento de decidir não se deve voltar à discussão, pois ela já foi feita. Muitas vezes a decisão é tomada pelo líder sem que se tenha chegado ao consenso. Nem sempre o consenso é possível e muitas vezes as limitações de tempo impostas impossibilitam extensas discussões. O importante não é o consenso, mas o consentimento e o apoio de todos quanto à decisão tomada. Os liderados envolvidos precisam entender que, mesmo não sendo aquela decisão que eles tomariam, foi a melhor decisão possível e que todo o apoio a ela passa a ser vital. No momento da ação não se pode voltar à discussão nem à decisão. É o momento de fazer a melhor implementação da decisão possível (mesmo ela não sendo a melhor decisão).

Como ilustração, nós sempre mencionamos certo grupo que precisava decidir se ia fazer um churrasco ou uma "pizzada" na festa de final de ano. A discussão foi acalorada e difícil. Foi decidido pelo churrasco, mas muitos não concordaram. O dia da festa amanheceu chuvoso, nublado e meio frio. Nesse momento, o que menos ajuda é alguém entrar na festa sorrindo e falando "eu não disse que pizza era melhor?" Como a decisão já havia sido tomada, esse comentário não ajuda em nada. A ação de comprometimento daqueles que queriam pizza seria então ver o que era preciso fazer para o melhor churrasco, diante das condições adversas, como por exemplo indo comprar uma lona para cobrir a churrasqueira e animando o pessoal com um joguinho de cartas.

A experiência e o conhecimento fazem muita diferença na eficácia do processo decisório. Com experiência e conhecimento, o estresse do processo decisório pode ser reduzido substancialmente. Como os líderes estão sendo promovidos cada vez mais cedo, e consequentemente com menos experiência, vivência e conhecimento acumulado, mais precisam contar com o conhecimento acumulado na equipe para reduzir um pouco o estresse do processo decisório.

Para ilustrar a importância da vivência no processo decisório, lembramos de uma situação em que um conhecido se viu com sua cachorrinha doente. Os pelos da barriga começaram a cair e a pele estava vermelha e soltando pedaços. E tudo muito rápido e feio. Ele levou-a a uma jovem veterinária que ficou muito preocupada com a situação, pois não conseguiu associar a nenhuma doença conhecida. Imediatamente coletou material e foi ao microscópio analisar o que poderia ser. Nesse meio-tempo, chegou a mãe da veterinária que também trabalhava com ela na clínica e que tinha muitos anos de experiência como veterinária e com cachorros. Imediatamente ela examinou a cachorrinha e perguntou: "Vocês estão em reforma na casa?" Surpresa, a pessoa respondeu que sim. Já sorrindo, ela continuou: "Estão trocando o piso e fizeram o rejunte?" Novamente surpreso com a adivinhação, ele responde que sim. Ela matou o problema. Quando se faz o rejunte, usa-se ácido muriático para limpar as pedras. A coitadinha deve ter deitado em algum lugar com resíduo de ácido e ficou com queimadura química. A senhora veterinária já deveria ter tido outras situações que facilitaram sua análise e decisão. Nada supera a experiência na hora da tomada de decisão. O líder precisa então levar em conta as experiências e vivências disponíveis para tomar decisões mais eficientes.

O líder também precisa estabelecer o desenvolvimento de seus liderados. Cabe a ele o papel de definir o desafio que crie músculos nos liderados e, ao mesmo tempo, conseguir medir e acompanhar seus resultados. É um trabalho um a um, indelegável e que exige tempo, observação e até mesmo criatividade. Um liderado percebe e reconhece quando você se dedica ao seu desenvolvimento. Em geral, ele retribui com esforço, engajamento e comprometimento.

Papéis – criando músculos

Ficamos sempre surpresos com a nossa capacidade de desenvolvimento. Como uma pessoa que nunca praticou corrida na vida poderá correr 15km? Temos inúmeros exemplos de que é totalmente possível. Exige um pouco de tempo, treino e ritmo. Começa-se correndo 1km, depois 2km, passa para 3km, e assim por diante. Em dois meses, estará correndo 10km e em quatro meses, os 15km.

Se fizéssemos a análise instantânea da capacidade da pessoa, naquele primeiro instante, diremos que ela só corre 1km. O mesmo ocorre com os liderados. Precisamos treiná-los. Dar ritmo. Medir seu desempenho e esticá-lo pouco a pouco. Quando fazemos corretamente, veremos resultados tão surpreendentes quanto o que vimos na corrida. Um dos segredos para esticar o desempenho é medi-lo. A medição do desempenho individual é sempre uma dificuldade. Dificuldade sim, mas com criatividade podemos medir muita coisa.

Tivemos uma feliz experiência com um gestor de um famoso jornal. Era um líder exemplar e sabia muito bem o efeito da medida no desempenho. Seus liderados eram repórteres que competiam com uma mídia dificílima, que é a internet. Ele precisava de um jornal que trouxesse novidades e informações frescas. A medição que implantou foi o percentual das manchetes e assuntos publicados no jornal que ainda não haviam saído na rede. Pouco a pouco foi subindo esse percentual e esticando o desempenho de um profissional dos mais difíceis de medir.

Os **papéis** são as diferentes frentes de atuação simultâneas que a liderança precisa empreender. Cumprir a **estratégia, realizar mudanças, alcançar resultados e desenvolver o time**. A dificuldade de dar foco a essas diferentes frentes simultaneamente é que torna o papel do líder tão desafiador. Muitos gestores conseguem focar um ou no máximo dois desses objetivos ao mesmo tempo. Os bons líderes conseguem tornar esses quatro papéis como parte de um todo em que essas quatro partes se complementam. Ao realizar as mudanças certas, estaremos ao mesmo tempo cumprindo a estratégia e alcançando resultados, tendo, claro, o time certo.

Quando queremos evoluir a liderança, é preciso começar com a autoliderança. Um líder precisa ser antes de tudo um modelo e exemplo. Portanto, antes de olhar para os liderados à procura dos pontos de evolução, é preciso olhar no espelho e encontrar o que pode ser feito antes. Nesse aspecto, um primeiro ponto a se cuidar é a energia interna para fazer as coisas andarem. Sem ela, todo o resto fica comprometido. Por isso, escolhemos começar a falar pela necessidade da motivação.

2
Entendendo a automotivação

Todo líder deveria considerar como assunto essencial a sua própria motivação. Como espelho para seus liderados, tudo o que um líder não pode estar é desmotivado. Um líder desmotivado tem efeito devastador no moral da tropa. Como dissemos antes, o líder perde alguns direitos, e esse é um dos principais. Então, como fazer se, em alguns dias, nos vemos desmotivados? Creio que o principal é o entendimento, com um pouco mais de profundidade, de como funcionam os motivos humanos para poder nos entender melhor e cuidar desse assunto com mais cuidado.

Para isso vamos começar entendendo que um motivo é algo interno à pessoa. Alguns autores associam motivos a carências internas, como se fosse um tipo de sede que nos provoca a busca por saciá-la. David McLelland é um dos autores que em suas pesquisas isolou três tipos de sedes internas diferentes nas pessoas.

- Realização (*Achievment*).
- Afiliação (*Affiliation*).
- Influência (*Power*).

A motivação própria e dos liderados

McLelland constatou que as pessoas buscam esses três motivos como forma de se satisfazerem internamente. Ele também colocou que os níveis dessas três demandas são diferentes de pessoa para pessoa, sendo que a composição dessas três forças mostrariam a composição interna da motivação de certa pessoa.

O motivo realização diz respeito a:

- inovação, superação, realizações únicas;
- gosto por resolução de problemas;
- necessidade por terminar o que inicia;
- envolvimento de longo prazo.

O motivo afiliação diz respeito a:

- desejo de interação social;
- qualidade das relações, atenção, envolvimento mais profundo;
- preocupação quanto a rupturas e conflitos;
- preocupação com o bem-estar dos outros.

O motivo influência diz respeito a:

- foco na obtenção e exercício de poder e autoridade;
- gosto por provocar impacto e influenciar as pessoas;
- demonstra interesse pelo que os outros possam pensar do seu poder e sua reputação.

O segredo para entendermos a motivação humana estaria em conseguirmos medir para cada indivíduo o nível de carência existente de cada um desses motivos que, segundo McLelland, ficam mais ou menos estáveis ao longo da nossa vida adulta, tendo se fixado ao final do período de nossa adolescência. Assim como a personalidade, nosso perfil de motivos está pouco sujeito a mudanças, exceto quando da ocorrência de traumas emocionais importantes.

O problema na medição do perfil de motivos reside em que os motivos não são aspectos racionais e sim emocionais e difíceis de serem medidos e acessados.

Sobre a camada de motivos desenvolvemos nossos valores, que são aquilo que consideramos importantes, conscientes e racionais para a nossa vida, enquanto que os motivos são aquilo que nos fazem felizes e totalmente emocionais e inconscientes. A figura a seguir mostra a distinção entre motivos e valores.

Motivação

Motivo	Valor
• Gostar de	• O que é considerado importante
• Desenvolvido emocionalmente	• Aprendido pelo reforço social
• Autossustentável	• Precisa de reforço externo (resultado de atividades)
• O que me faz feliz	• O que devo fazer para melhorar minha vida
• Inconsciente	• Consciente

É muito frequente que as pessoas não consigam falar claramente de seus motivos, pois esses ficam escondidos embaixo de nossos rígidos valores. Uma pessoa que tenha alta demanda por influência, sentindo grande prazer em situações de poder, pode esconder tudo isso abaixo de um valor de humildade, onde essa influência toda seria condenável.

Na prática, as pessoas operam com o mundo externo com seus valores, entretanto sua felicidade interna virá de seus motivos. Mas como trabalham com os valores, quando tentamos acessar os motivos eles são confusos e pouco claros para a maior parte das pessoas. Tanto que a forma com que McLelland utilizou para acessá-los foi através de algo mais inconsciente, baseado em redações feitas a partir de imagens padrão, nas quais a leitura dos motivos vinha pela forma das pessoas se expressarem a respeito das imagens. Esse método é trabalhoso e a nosso ver também pode ser impreciso, ouvindo uma série de depoimentos que tivemos oportunidade de ouvir. Ao longo de anos de experiência com muitas pessoas submetidas a esse método, nunca ficamos muito otimistas quanto aos resultados. Na verdade, o melhor resultado é uma soma de esforços no sentido de entender seus próprios motivos ao longo de algum tempo de reflexão e experimentação prática. Não acreditamos em soluções milagrosas nas quais uma pessoa faça um teste de 30 minutos e saia com a análise perfeita de algo que é muito inconsciente. Nesse sentido e com a intenção de evoluir a compreensão dos motivos, elaboramos um teste que ajuda a ter uma avaliação inicial para que a pessoa inicie o autoestudo de seus motivos.

Ele se baseia em situações em que devemos dividir 10 pontos entre três alternativas, sendo que cada alternativa representa um dos motivos. Consideramos que, ao dividir os 10 pontos, podemos efetivamente escolher e dividir ao mesmo tempo. Se uma das alternativas efetivamente tem mais a nossa cara, ela pode receber 10 pontos e as demais zero. Mas nem sempre isso ocorre, exigindo que às vezes precisemos dividir os 10 pontos dando 2 para uma, 3 para outra e 5 para uma que se perceba como melhor, ou qualquer outra divisão que se queira. Por exemplo:

	A		B		C	
1) A comida que mais gosto é	Feijoada	8	Sorvete	1	Salada	1
2) Durmo sempre que posso	De pijama	0	Nu	0	De roupas de baixo	10
3) Gosto de assistir filmes	De terror	0	Comédias	5	Drama	5
	Total	8	**Total**	6	**Total**	16

A seguir, apresentamos o teste que deve ser feito com a mente ligada em nossos motivos, ou seja, aquilo que nos faz mais feliz, e não ligada em nossos valores, ou seja, aquilo que seria mais importante e lógico para nós.

	A	B	C
1) Não me sinto bem com	Conflitos	Coisas e situações inacabadas.	Situações onde não sou ouvido.
2) Eu adoro:	Estar com amigos	Superar um desafio ou um obstáculo.	Prestígio e atenção ao que digo e faço.
3) Eu me sinto melhor quando:	Estou com outras pessoas próximas do que sozinho.	Posso ser inteiramente responsável pelo resultado.	Estou na liderança.
4) Dou o melhor de mim:	Para ajudar uma pessoa querida.	Para resolver uma situação difícil.	Quando recebo reconhecimento pessoal.
5) Fico preocupado:	Com as pessoas envolvidas.	Com o que precisa ser feito.	Com o que os outros pensam de mim.
6) Considero como valor de uma tarefa:	Com quem e para quem será realizada.	O resultado que trará.	O sucesso que ela pode trazer.
7) Quando atinjo sucesso:	Sinto satisfação em dividi-lo com os demais participantes.	Sinto orgulho e comemoro mesmo que sozinho.	Sinto-me especial em ser reconhecido.
8) Quando ocorre um fracasso:	Busco consolo com outras pessoas.	Não descanso enquanto não entender o que ocorreu.	Tenho a tendência de procurar quem me atrapalhou.

	A		B		C	
9) Percebo que impressiono as pessoas:	Porque quero sempre ajudar os outros.		Com as coisas que consigo realizar.		Com as minhas ideias e forma de expressão.	
10) Luto até o fim para:	Garantir um bom relacionamento.		Garantir o resultado prometido.		Garantir a minha credibilidade.	
11) Procuro sempre:	Estar bem com os outros.		Superar, melhorar as coisas.		Fazer a diferença.	
12) Aproveito quando posso para:	Ouvir quem precisa falar e falar para quem precisa ouvir.		Ouvir quem pode me orientar.		Orientar, opinar e aconselhar.	
13) Sinto necessidade de:	Que gostem de mim.		Estar entre os melhores.		Estar entre os notáveis.	
14) Sinto atração para:	Estar com quem gosto.		Coisas e situações difíceis.		Coisas e situações que chamem atenção.	
15) Considero-me:	Generoso.		Persistente.		Articulado.	
16) Em geral, sou considerado pelos outros:	Querido.		Capaz.		Influente.	
17) Usualmente se referem a mim como:	Amigo.		Inconformado (no sentido de desafiar o estabelecido).		Carismático.	

	A	B	C
18) Gosto que me percebam como:	Hábil com relacionamentos.	Determinado.	Admirado.
19) Tenho o desejo secreto de ser visto como:	Pessoa que sabe ouvir.	Pessoa incansável.	Pessoa perspicaz.
20) Entre as minhas forças genuínas está:	Espírito de cooperação.	Espírito de inovação.	Dar sempre o exemplo.
21) Tenho certa facilidade para:	Ser bom orientador.	Antecipar as coisas e sair na frente.	Ser inspirador.
22) De vez em quando sou visto como:	Recatado.	Trator (passa por cima das coisas e pessoas).	Exibido.
23) Já ouvi que:	Sou um pouco bonzinho demais.	Não acato normas.	Gosto de aparecer.
24) Odiaria que me chamassem de:	Egoísta.	Perdedor.	Fraco.
25) Tenho conforto em:	Ajudar amigos.	Receber *feedback*.	Dirigir e comandar.
26) Mesmo sem querer eu:	Incomodo-me com rejeição.	Tenho uma insatisfação interna contínua.	Vejo-me dando conselhos e mobilizando os outros.
27) Estou sempre buscando:	Relações melhores e ser querido.	Ser o melhor.	Crescimento de cargo e importância na carreira.

	A	B	C
28) Naturalmente me vejo envolvido:	Em atividades sociais para o bem comum.	Em buscar o único, singular difícil de atingir.	Buscar ações que façam a diferença e causem impacto.
29) Sinto-me:	Desconfortável com brigas e conflitos.	Desconfortável quando não me sinto dono de uma tarefa	Desconfortável quando não participo das ações.
30) Assumo:	Riscos que dependem dos impactos para as pessoas.	Riscos balanceados.	Riscos que dependem do impacto no sucesso.
31) Sinto-me frustrado quando:	Decepciono alguém.	Não atinjo o que planejo.	Sou deixado em segundo plano.
32) Sinto-me triste quando:	Sou tratado com ingratidão.	Percebo que não estou preparado.	Sou tratado como inferior.
33) Sinto-me irritado quando:	Percebo intenções egoístas.	Sou impedido de agir.	Não sou envolvido nas decisões.
34) Tenho orgulho de:	Ter amizades próximas e profundas.	Não depender muito de outras pessoas.	Ser conhecido por muita gente.
35) Sinto-me mal quando:	Alguém está chateado comigo.	Alguém resiste ao que preciso fazer.	Alguém não me admira.
	Total	Total	Total

Some os totais das alternativas A, B e C e, a seguir, divida o total por 350.

Total alternativas A: _____ / 350 = _____ %

Total alternativas B: _____ / 350 = _____ %

Total alternativas C: _____ / 350 = _____ %

A análise dos resultados é muito simples. O número obtido para cada motivo é o seu potencial, ou seja, o tamanho da carência que temos em relação a cada um:

♦ alternativas A referem-se à afiliação;

♦ alternativas B referem-se à realização;

♦ alternativas C referem-se à influência.

O maior valor possível para um único motivo é 100%, e, portanto, a soma dos três motivos também deverá ser sempre 100%.

Os resultados podem ser os mais variados possíveis e não existe um padrão que seja melhor ou pior. A primeira coisa que precisamos fazer é saber se eles fazem sentido em relação a quem somos internamente. Um resultado possível é que um dos motivos tenha sido significativamente superior aos dois outros. Digamos mais que 15% acima dos demais já significa uma preferência mais clara. Outro resultado possível é que dois ou mesmo três tenham dado resultados muito semelhantes. Digamos que com diferenças menores que 3%. Isso significa uma divisão de motivos e muitas vezes conflitos internos e até mesmo algum sofrimento quando houver alguma decisão que implique escolhas entre os motivos.

Com essa primeira análise, passamos ao aprofundamento. O primeiro é conversar sobre o resultado obtido com alguém que o conheça com grande profundidade. Parentes e esposos, em geral, possuem essa característica, pois nos conhecem além de nossos valores e já nos viram expostos a diferentes situações. Essa conversa pode trazer referências que nos ajudem a validar ou não o resultado do teste e a entender o que pode ter ocorrido de diferente em relação às respostas dadas.

Mudanças na vida

Toti Loriggio – Certa vez conversávamos em uma roda de amigos sobre a história de um médico conhecido que, ao atingir seus quarenta e poucos anos, começou a se comportar de maneira muito diferente do normal. Ele morava em uma cidade do interior de São Paulo e começou a demonstrar interesses muito diferentes dos usuais de um médico do interior. Ingressou em um partido político, começou a militar na associação médica e a constar das páginas sociais do noticiário local. Afastou-se dos amigos mais próximos e da família, e isso tudo estava criando uma revolta em seu círculo de amizades mais restrito. Ao ouvir a história que havia sido contada, comentamos que provavelmente essa pessoa estava sendo levada nessa fase da vida mais por seus motivos do que por seus valores. Seus valores estavam mais ligados a sua profissão e relações familiares e de amizade. Quem sabe agora ele estaria mais aberto a satisfazer seus motivos escondidos de poder e influência que em ambiente simples de interior poderiam até ser recriminados, mas que, a certa altura da vida, o médico assumiu a coragem de reconhecê-los. A conversa despertou grande interesse na roda em que estávamos conversando e minha irmã começou a se analisar e comentou que ela obviamente tinha como motivo mais forte a afiliação. Como irmão, imediatamente discordei, mencionando que ela também tinha influência como seu motivo mais forte. Ela ficou absolutamente surpresa e discordou frontalmente da minha opinião.

Perguntei, então, a ela qual era a atividade recente que estava realizando que lhe dava real prazer e plenitude. Ela prontamente respondeu que era o livro que estava escrevendo. Perguntei a ela qual era o sonho de realização que estava por trás de escrever o livro. Ela respondeu que tinha um sonho de divulgar o livro em um famoso programa de entrevistas e ser um grande *hit* nacional. Perguntei se ela queria mais comprovação que essa? O impacto e influência estão muito presentes na afirmação feita por ela. Uma pessoa que tivesse o motivo afiliação certamente teria falado de grande preenchimento com atividades ligadas às relações pessoais, de amizade e sociais. Continuando a provocá-la, perguntei qual era o seu esporte favorito e se ele trazia real preenchimento. Ela respondeu que fazia ginástica olímpica. Novamente um esporte que traz em si uma grande dose de exibição e impacto, o que se alinha perfeitamente com o motivo influência. Depois da segunda evidência, minha irmã saiu pensativa e outro dia me listou mais uma série de argumentos que sustentam que seu motivo principal é mesmo a influência.

Os motivos nem sempre são óbvios e fáceis de serem entendidos e podemos ter algumas surpresas. Mas o mais importante é que esse conhecimento seja assimilado e entendido para que possamos nos conhecer melhor. Conhecer esse centro de energia que nos movimenta por dentro faz toda a diferença, uma vez que um líder precisa ser automotivado. Considero impossível que nos motivemos sem um conhecimento mais aprofundado sobre os três motivos de McLelland.

Portanto, pessoas próximas podem ajudar muito, mas, se seguirmos o curso das perguntas da história contada, veremos que saber as atividades que fazemos com real prazer e entender o que nessas atividades nos preenche é um dos melhores caminhos para entendermos nossos motivos.

Uma das mais comuns que utilizamos na investigação dos motivos é o esporte preferido ou o *hobbie*. Eles trazem informações muito úteis. Claro que esportes individuais e competitivos normalmente atraem aqueles que possuem forte motivo realização. A competição e a superação presentes estão inerentes, por exemplo, na corrida, na natação e no atletismo. Já os esportes coletivos atraem o motivo afiliação por reforçarem os laços de união, a necessidade de cooperação e o espírito de união. O fazer parte é muito importante nesse esporte, e daí a ligação com esses motivos. Portanto, futebol, vôlei, basquete atraem, em geral, as pessoas com motivo afiliação, superlativo. E o pessoal de influência? Normalmente esse pessoal pode estar em qualquer esporte, desde que ele se destaque realmente naquilo. Isso pela necessidade de provocar impacto e influência. Também escolhem esportes diferentes que ninguém pratica e que chamam atenção. Ou ainda os esportes de demonstração de perícia, como a ginástica olímpica que comentamos. Na verdade, não é o esporte em si o direcionador do motivo, mas sim o que ele provoca no praticante e, por isso, a utilidade desse tipo de conhecimento sobre nós mesmos e sobre nossos liderados.

Outra pergunta pertinente é sobre a atividade profissional que efetivamente provocou grande satisfação. Em geral, a resposta a essa pergunta recai sobre sucessos obtidos, quer sejam metas superadas, obstáculos resolvidos ou projetos implementados. Até aí as respostas não diferem. Começam a criar diferenças quando perguntamos por que foi uma experiência diferenciada. Os que possuem motivo realização maior certamente respondem que foi o desafio em si. Fazer algo que ninguém acreditava que seria possível e, para eles, o feito em si basta. Claro que gostam de elogio e de reconhecimento pelo que fizeram, mas isso não é nem de longe o fator decisivo para a satisfação pessoal. Esse tipo de pessoa vibra sozinha com a sua vitória, pois sabe exatamente a superação que conseguiu.

Já um caso de motivo afiliação, tomaria a mesma situação de sucesso e responderia que a razão da satisfação está em que conseguiram algo notável em conjunto com o time e com o apoio das pessoas e com uma emoção no coração, e assim por diante. Para ele, a satisfação não está no desafio, como no caso anterior, mas na relação especial com as pessoas que esse episódio provocou.

Quando o mesmo episódio se passa com uma pessoa de motivo influência de destaque, a razão da satisfação está no impacto causado nas demais pessoas. Ele precisa ter sido notado, comentado, promovido e, de preferência, ter recebido o tapinha nas costas do presidente. Para coroar, deve ter gerado uma promoção de cargo com um nome instigante. É para isso que suas energias são canalizadas e é com isso que ele efetivamente vibra e se satisfaz.

Realização

Jeito de ser	• Busca ser o melhor. • "Ele sempre procura ser o primeiro da classe, do clube, do time etc." • Insatisfação interna contínua. • Vive procurando melhorar o seu próprio desempenho. • Busca o novo, o único, o singular. • "Ele é muito criativo e imaginativo".
Comportamentos mais visíveis	• Vai além, fixando objetivos desafiadores. • "Sempre excede as metas, pois encontra novas formas de realizar as coisas". • Assume riscos balanceados. • "Contrabalança os riscos com respostas dinâmicas e acompanhamento implacável". • Precisa sentir-se dono. • "Uma meta, um objetivo que seja meu". • Vibra mesmo que sozinho quando atinge o objetivo. • Busca *feedback* e ajusta o comportamento. • "Sente-se frustrado se não obtém retorno". • Sente-se bem tocando vários projetos. • Não sossega enquanto não termina o que começa.
Direcionamento	• Funções empreendedoras, técnicas e inventivas que exijam eficácia, responsabilidade e independência. • Às vezes ineficaz em funções gerenciais. • Às vezes inconveniente por ignorar hierarquia, critérios e conflitos.

Afiliação

Jeito de ser	• Estabelecer relacionamentos amigáveis. • "Ele procura amizade dos amigos da faculdade". • Busca atividades de caráter social. • "Reuniam-se para festas porque eram velhos amigos". • Incomoda-se com a rejeição das pessoas em seu relacionamento. • Gosta de dar ou receber atenção e proximidade. • Preocupa-se com os outros.
Comportamentos mais visíveis	• A amizade influencia no julgamento. • Preocupa-se com manter o contato com as pessoas. • Não suporta solidão. Faz parte de clubes e outras organizações ou despende tempo com a família. • Coloca pessoas à frente de tarefas. • Prefere trabalhar em grupo do que sozinho. • É cooperativo, concordante e solidário. • Desconfortável com estranhos. • Vibra quando a vitória é em grupo. • Muitas vezes sensível e emotivo.
Direcionamento	• Bom pai(mãe) e esposo(esposa). • Muito bom orientador. • Vive a vida intensamente. • *Stress* em posições gerenciais, exceto quando em ONGs.

Influência

Jeito de ser	• Realiza atitudes de impacto que afetem as pessoas. • Procura dar conselho, mesmo quando não solicitado. • Busca controle sobre os demais. • Influencia, é persuasivo e muitas vezes cria polêmicas. • Busca impressionar. • Demonstra interesse por *status* e reputação.
Comportamentos mais visíveis	• Luta para galgar postos cada vez mais elevados. • Utiliza seu poder de influência para que outros façam o que ele quer. • Coleciona objetos de prestígio. • Treina, aconselha e instrui os outros. • Participa ativamente das relçaões políticas. • Usa informação como forma de influência e domínio. • Mostra-se contrariado quando não está liderando as ações. • Sabe escolher argumentação convincente em uma discussão. • Dá clara importância ao desenvolvimento de relacionamentos. • Adora um tapinha nas costas de congratulação (reconhecimento).
Direcionamento	• Bom líder e gerente. • Facilidade para subir rapidamente na hierarquia. • Popular, carismático, astuto e bem-sucedido. • Produz mudanças, reformas e alteração do ambiente.

Atividades e motivos

Como os motivos nos trazem satisfação interna, é lógico que existem atividades que podemos fazer profissionalmente que podem nos preencher mais ou menos, atividades que faremos com maior ou menor energia e disposição. Atividades que podem recarregar nossas baterias ou nos descarregar.

A realização nos predispõe a fazer as coisas, a superar os obstáculos com nossas próprias mãos sem a dependência de mais ninguém. Isso traz certa facilidade para ser um empreendedor, tocando seu próprio negócio com as próprias mãos e suor. Por outro lado, pode trazer alguma dificuldade de trabalho em equipe e de subordinação a regras e à hierarquia que são tão próprios e necessários em muitas organizações. Não quer dizer que uma pessoa com alta realização seria imprópria para trabalhar em uma grande empresa, cheia de regras e de hierarquia, mas que essa pessoa pode ter que enfrentar mais dificuldades do que outra com outro motivo.

Já a afiliação facilita o trabalho em time e o relacionamento e a colaboração entre as pessoas. Isso nas equipes é muito esperado e desejável. Mas a afiliação tem dificuldades quando se trata de lidar com conflitos, o que é muito presente e inevitável quando se trata de cargos de liderança. Novamente, não queremos dizer que uma pessoa com alta afiliação não deve alçar a cargos de chefia, mas que ela terá que lidar com assuntos que podem trazer muito impacto em sua satisfação pessoal. Alguns chegam a dizer que trabalhos em ONGs e de cunho social são grandes fontes de satisfação para as pessoas que possuem alta afiliação.

A influência facilita muito o trabalho de liderança. Quando a pessoa consegue utilizar seu impacto e influência para mobilizar as pessoas e atingir os resultados organizacionais, ao mesmo tempo em que tem grande satisfação, é uma grande sincronia de energia. Não podemos dizer que, se uma pessoa com alta influência não estiver em um cargo importante de chefia, ela vai estar em posição errada. O cargo de chefia exige muito mais do que somente alto motivo influência.

Frustração e estresse

Existem então posições de trabalho que se adaptam melhor a nossos motivos e outras de forma menos confortável. Todos nós já sentimos isso na pele e explica as diferenças em nossa motivação quando existe variação significativa em nossa atividade profissional. Muitos sentem isso quando mudam de empresa, outros acusam quando existe uma mudança de chefia, outros ainda notam diferenças na motivação quando existe uma promoção. Todas essas mudanças afetam a atividade e os espaços onde podemos utilizar nossa realização, afiliação e influência disponíveis.

E quando somos solicitados por um dos motivos em nosso trabalho e esse motivo não é tão presente? O que ocorre? Nosso desempenho é pior?

Não necessariamente. Por exemplo, uma pessoa que tenha baixo motivo influência e foi promovida a um cargo de direção, no qual a exigência de influência é enorme, pode responder à necessidade de influência com seus valores internos. Racionalmente ela percebe que precisa atuar com influência e facilmente consegue responder a essa demanda. O que ocorre é que o esforço a essa resposta é muito maior do que o de uma pessoa que tenha naturalmente o motivo influência maior. Esse esforço se for muito grande pode ao longo do tempo provocar um esgotamento de energia. Essa é uma das boas descrições do que seria o *stress* na atividade profissional. Muitas vezes, ele não se apresenta por muitos anos, mas de repente ele surge como uma ruptura. Temos visto muitos casos de pessoas que falam de repente: "Não aguento mais!", típico de alguém que está respondendo com um esforço acima do normal por muito tempo. O pior não é isso, é que ele acaba não tendo algo em troca pelo esforço. O esforço responde apenas a sua racionalidade de que é algo que precisa ser feito e pronto e não uma atividade que traga preenchimento e realização.

Outros não rompem, mas desviam o comportamento para atividades que tragam mais satisfação e acabam deixando desguarnecidas atividades essenciais ao que seria vital para a profissão e, com isso, tornam-se alvo de problemas no trabalho. Temos ajudado muitas pessoas apenas com esse tipo de descoberta, fazendo-se o cruzamento do perfil de motivos individual com o perfil de motivos da atividade profissional. Essa adequação muitas vezes é necessária e, ao ocorrer, provoca um rearranjo na motivação pessoal surpreendente.

Talvez até seja essa uma das razões para pessoas adotarem grandes mudanças de carreira ao chegarem perto de uma aposentadoria. Com a idade, chega uma maior lucidez e a percepção do que realmente pode nos fazer mais felizes. Com uma maior estabilidade econômica, fica mais fácil tomar decisões que envolvem mais felicidade e, às vezes, menos resultados econômicos.

O contrário também ocorre quando o perfil de motivos da atividade está abaixo do perfil da pessoa. Um exemplo poderia ser de uma pessoa que possui um motivo de realização enorme, mas no trabalho tem que se limitar a realizar uma rotina sem-fim. Isso traz o que muitos chamam de frustração, ou seja, ela tem uma vontade e energia muito maiores para colocar no trabalho, mas é impedida.

Motivação

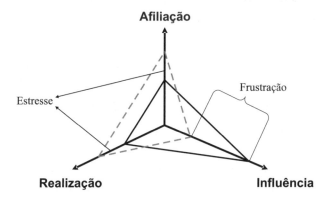

Estresse
Em geral provoca sentimento de baixo resultado e culpa. A delegação acaba acontecendo.

Frustração
Em geral canalizada para outras atividades como política, comunidade, projetos pessoais etc.

Nesse caso, uma das saídas que existe é buscar esse preenchimento de motivos fora do trabalho. Nem sempre conseguimos coordenar exatamente essa sincronia de motivos e não podemos correr o risco de vivermos frustrados o tempo todo. As pessoas com motivo realização acentuado podem buscar facilmente preenchimento em esportes e em segundas atividades como, por exemplo, montar uma empresa própria fora do trabalho. Sua energia será tão grande para essa segunda atividade que normalmente em pouco tempo se tornará sua principal fonte de renda e atividade. Quem possui afiliação em demasia pode facilmente preencher essa carência com amigos, família, clubes, associações, Organizações não Governamentais, religião e outras. Se for o caso de excesso de influência, o preenchimento pode ocorrer em liderança sindical, sociedade de bairro, partidos políticos, tocar numa banda, hobbies diversos, ser o síndico do condomínio. Já ouvimos inúmeras histórias a esse respeito que mostram que o caminho é esse mesmo.

> **Toti Loriggio** – No meu caso, o excesso de realização é canalizado para uma série de projetos pessoais que desenvolvo em minha casa. Tenho um lugar que é exclusivo meu e que tenho toda a liberdade de fazer, errar e acertar. Tenho muitas ferramentas e materiais à disposição e deixo a criatividade fluir em uma série de invenções. Faço peças para meu barco e meus aeromodelos, coisas em madeira, incluindo relógios com engrenagens em madeira e outras formas de deixar a criatividade e o desafio fluírem.

O médico realizador

Algumas histórias de motivos podem ser interessantes e surpreendentes. Tivemos a oportunidade de trabalhar para uma empresa que atuava no ramo de medicina e conhecemos o seu presidente, que era um médico extremamente competente e inteligente. Ao conhecê-lo e acessar seus motivos, percebemos que ele tinha um enorme motivo realização. O que é muito comum em médicos, pois é uma escolha profissional que representa um enorme desafio de formação. Outro motivo muito associado à medicina acaba sendo a afiliação, por sua inerente preocupação com gente. Mas o que predomina muito é a realização, pois a medicina exige um vestibular extremamente desafiador, seis anos de curso, o que convenhamos não é nada trivial e em regime extraintenso e, por fim, a especialização etc. etc. etc. Ou seja, uma dificuldade extrema, e para quem tem o motivo realização parece bem adequado e era efetivamente o principal motivo de nosso presidente. Ficamos intrigados quando percebemos que seu papel de presidente exigia enorme influência e que ele respondia com grande espontaneidade e sem aparente estresse. Um aprofundamento da análise mostrou um caminho bastante interessante trilhado por ele. Para ele, o caminho da presidência era seu projeto. Ele canalizava toda a energia necessária para realizar esse caminho com grande energia e motivação, pois esse era seu objetivo. De certa forma, ele embutia o esforço de influência necessária como parte de seu projeto de realização. Ao chegar aos objetivos, notamos que claramente ele já arquitetava outro projeto como forma de preencher sua realização como motivo primordial. Essa história mostra como os motivos, de certa forma, se sobrepõem e não são puramente estanques. Um motivo realização, que encara seus desafios com grande energia, pode trazer a influência necessária para que o objetivo seja atingido. Outro ponto de que ele se aproveitava era que, como presidente, montou uma equipe que supria com sobras as necessidades de influência. Nem hesitava em colocar seus liderados em situações nas quais ele poderia economizar sua influência, e com isso reduzia muito seu esforço no cargo.

A executiva com afiliação

Em nossa experiência e convívio com os executivos nas grandes empresas, principalmente as multinacionais, percebemos quando um executivo está utilizando bem seu processo de influência e poder. Quando isso ocorre, ele é percebido e comentado pelos pares em geral. Seu posicionamento se destaca naturalmente e isso facilita sua atuação, criando um círculo virtuoso. Uma dessas pessoas que encontramos era uma executiva que assumia uma diretoria importante em uma multinacional de destaque. Ela era reconhecida por todos como uma ótima gestora e já havia se destacado em diversas posições e consolidado sua credibilidade. Ao olhar de longe, eu intuiria que seu principal motivo era a influência dada a facilidade com que ela transitava naquele ambiente e seu sucesso. Ao nos aproximarmos e ao entrarmos em contato, verificamos que ela era uma pessoa extremamente sensível e delicada, inclusive deixando escapar algumas lágrimas quando perguntada sobre assuntos mais pessoais. Duas ou três perguntas depois, havíamos percebido um enorme motivo afiliação presente, inclusive superando o motivo influência. O motivo afiliação muito elevado em altos cargos de liderança, em geral, pode levar a uma superproteção de pessoas e a conflitos evitados que são muito condenáveis, principalmente para altos escalões. Quando indagada a esse respeito, ela, agora em lágrimas abertas, comentou: "É verdade, sou uma pessoa com o motivo afiliação muito alto. Acontece que, quando era menina, meu pai certa vez me falou que quem iria dar certo na vida era a minha irmã e não eu". Com uma necessidade enorme de ser aceita e ser amada por seu pai, ela sempre fez tudo o que podia para "dar certo na vida". Mas tudo isso não era para sua própria satisfação e sim para mostrar ao pai que ela também merecia seu amor e admiração. Recentemente recebemos uma ligação dessa executiva e soubemos que sua carreira tinha sido ainda mais acelerada. Ela havia em uma última experiência sido nomeada CEO de uma empresa associada à multinacional e havia desempenhado de forma soberba. Porém, sem que muitos entendessem, ela resolveu parar e pensar na vida. Está em um período sabático que deseja estudar e seguir caminhos que tragam menos desgaste e mais preenchimento. Nós entendemos perfeitamente o que tinha acontecido.

Pois, então, a leitura dos motivos, embora não seja fácil, direta e racional, ajuda demais a entendermos como podemos obter mais de nós mesmos e como evitar frustrações e estresses maiores.

Em primeiro lugar, faça a leitura dos seus próprios motivos. Tente entender qual está em primeiro lugar, qual em segundo e qual em terceiro. Nem sempre isso é claro e, às vezes, as alternativas empatam. Depois procure analisar a sua atividade profissional e entender o que ela demanda dos motivos. Novamente colocando em ordem de primeiro, segundo e terceiro.

Analise as compatibilidades e incompatibilidades dessa situação e planeje o que você pode fazer de diferente a partir daí.

Em muitos casos que estivemos apoiando executivos em suas carreiras, essa análise se mostrou suficiente para explicar uma série de problemas com a atuação da liderança. Alguns, por falta de influência, porque não possuem esse motivo muito alto. Outros por falta de realização ou mesmo por excesso dela. Outros ainda podem estar sendo prejudicados por excesso de afiliação ou falta dela.

É um pouco frustrante saber que não é possível, através de esforço pessoal, aumentar nossos níveis dos motivos. Isso está cristalizado e, portanto, não precisa mudar. Mas o que pode ser feito então? Podemos entender que precisamos de maiores ou menores níveis de energia para responder às necessidades de nossas atividades profissionais. Quando não temos um motivo para suportar nossa atividade, precisamos substituí-lo com disciplina e energia e administrar melhor nosso estresse e frustração com a situação. O entendimento disso normalmente já traz uma grande trégua de comportamento. Quando o estresse e a frustração estão se estendendo por tempo muito longo, pode ser a hora de pensar em mudança de carreira e em outras discussões um pouco mais profundas.

Outro ponto que devemos sempre estar atentos é que nem sempre conseguimos preencher nossos motivos completamente em nosso trabalho. Portanto, como há vida fora do trabalho, devemos aproveitá-la intensamente e buscar o preenchimento de nossos motivos de forma mais completa em atividades fora, conforme falamos antes.

Além dessa preocupação conosco, esses conceitos nos ajudam também a entendermos nossos liderados. Quando entendemos quais são seus motivos principais, podemos usar melhor suas energias e fazer com que eles consigam melhores desempenhos com menor desgaste. Isso sem mencionar que, na hora de contratar alguém, podemos entender tanto os motivos pessoais quanto o cargo e tentar adequar melhor a pessoa ao cargo.

Por último, como líderes, defrontamo-nos muitas vezes com pessoas que estão com o farol baixo, sem energia e desmotivadas. Creio que um dos papéis do líder é saber interagir de forma a ajudar esses liderados a saírem do buraco. Uma discussão sobre os motivos e o que fazer a respeito pode ser essencial e muitos liderados poderão se recuperar prontamente se entenderem o que está ocorrendo. Para outros até podem ser necessárias mudanças de atividade, de cargo, de chefia ou até mesmo de empresa.

3
A proatividade como fundamento central

Entre os assuntos essenciais na autoliderança, entendemos que a postura proativa de um líder seja algo que necessite ser discutido, entendido e praticado. Na sua essência, o papel de um líder tem caráter proativo, ou seja, de estar à frente, assumindo para si responsabilidades pela condução ao futuro, antecipando possibilidades e caminhos, sem deixar que o atropelo do dia a dia atrapalhe essa condução.

Entretanto, existem comportamentos que ajudam a realizar tarefas, mas que nem sempre colaboram para os resultados da organização. Muitas vezes, assumimos essa postura sem nem perceber, premidos por nossas ansiedades e desejos e até pelas próprias circunstâncias oferecidas pelas empresas. Ao ver este ou aquele perfil descrito em detalhes, no entanto, temos mais condições de fazer a identificação e racionalizar a questão com o intuito de aprimorar as qualidades e eliminar ou minimizar os defeitos.

A empresa perfeita

Em primeiro lugar, vamos tratar das tais circunstâncias oferecidas pela maioria das empresas a seus gestores. Imagine uma organização atuando nas seguintes condições:

♦ A estratégia está claramente definida.

♦ Os funcionários estão todos altamente motivados e trabalham com foco em resultados.

♦ A empresa possui um mercado cativo crescente. O concorrente vai muito mal.

♦ As inovações ocorrem por inércia, sem a necessidade de esforço para implantá-las.

♦ Os resultados são suficientemente positivos para garantir a qualidade de vida de todos.

Essa empresa, felizmente, não existe, porque, se existisse, não precisaria de líderes. Para que contar com gestores se não há dificuldades a superar? Costumamos dizer que, quanto melhor o gestor, pior deveria ser a empresa em que ele estaria trabalhando. Afinal, são os maiores desafios que necessitam dos melhores talentos. Empresa é um organismo vivo que sempre se renova e necessita de pessoas que, liderando pessoas, realizem esse movimento.

Em toda empresa há desafios e pontos de vista que precisam ser revistos, mas não se pode dizer também que tudo esteja sempre ruim. Quem trabalha o tempo todo reclamando, transforma-se em um "chorão" que não honra o papel de ser líder. Soubemos de uma empresa em que um de seus diretores tinha sobre sua mesa um grande pote cheio de chupetas. Quando alguém entrava em sua sala e começava a choradeira, ele nem perdia tempo, oferecia o pote e dizia "pega uma e saia". E a organização segue em frente. Não se trata de defender ou atacar a empresa, trata-se de perceber essa importância para você como profissional e o papel que você exerce.

É claro que um gestor enxerga os problemas que estão a sua volta, porque tem percepção, tem competência. Mas ele precisa esforçar-se para dar a sua contribuição sem a pretensão de mudar tudo, pois não tem força para isso. Temos que estar preparados para obter resultados com os problemas e, apesar das dificuldades, extrair o máximo do mundo imperfeito que nos cerca. Poucos gestores podem escolher suas equipes, menos ainda são aqueles abençoados com um chefe perfeito e raríssimos podem afirmar que foram designados para uma missão nobre, de futuro e estratégica.

O papel que você exerce

Atenção ao triturador de pessoas

Com a redução dos níveis hierárquicos em seus quadros, as organizações podem causar um efeito maléfico em seus melhores gestores. É o que denomino de triturador de pessoas. A empresa utiliza os seus melhores profissionais para resolver problemas complexos ou os coloca para participar na maioria das atividades de resolução de problemas.

O triturador de pessoas, como mostra a figura abaixo, é uma máquina com duas lâminas que trabalham em sincronia. Uma das lâminas simboliza a quantidade de trabalho, e a outra a qualidade da gestão. Se observar a figura de forma mais detalhada, verá pingos que escorrem em direção à cuba. Os pingos do processo representam o sangue e o suor resultantes da trituração do talento do gestor, que está totalmente desgastado entre as lâminas.

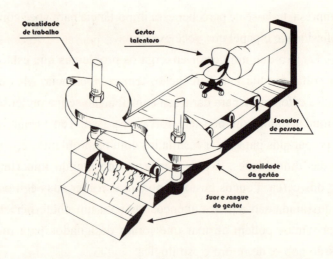

O processo de trituração funciona da seguinte forma: a empresa passa mais trabalho para os profissionais mais talentosos que vão recebendo cada vez mais trabalho. Funciona como uma reação em cadeia. A lâmina do triturador de quantidade vai girando cada vez mais rápido, mais rápido... e a jornada de trabalho vai aumentando, aumentando, até atingir 26 horas por dia, se considerarmos o rateio do descanso semanal. E o gestor, agora sobrecarregado, não tem mais tempo para estar junto aos pares ou à chefia. Não tem mais tempo para se preparar para reuniões. Ele vai para a reunião e nem leu o relatório básico, enquanto os demais participantes discutem e dão ideias e ele apenas comenta: "Eu também concordo que a solução é por aí". A própria chefia e os pares notam que ele não soma nem contribui como antes e a sua credibilidade começa a cair, a cair... E quando a credibilidade do gestor começa a cair, ele começa a ser deixado de lado e, com o tempo, acaba sendo colocado para fora da empresa.

Então, a companhia contrata outro gestor. O novo gestor olha para o departamento e pensa: "Não foi à toa que o meu antecessor foi desligado, como está essa área!" Ele muda a área, organiza o trabalho, muda conceitos e princípios. A cúpula e os pares começam a tratá-lo com bons olhos e pensam: "Agora estamos com a pessoa certa para a função". E o triturador de talentos começa novamente a funcionar: mais trabalho, mais suor, mais sangue e novamente menos credibilidade. Ele se dedica menos à equipe e acaba criando uma delegação de baixo para cima, em que a equipe exerce a pressão em busca de orientações e soluções. Esse é o mecanismo denominado socador de pessoas, que, na figura, empurra o gestor em direção às lâminas.

Tudo indica que o trabalho nas empresas não vai diminuir. Na verdade, ele está até crescendo. A redução que ocorre é da quantidade das pessoas e, assim, o trabalho *per capita* cresce ainda mais. Se a quantidade de trabalho cresce e a organização liga o triturador, o gestor precisa preservar o seu desempenho e também a sua carreira.

Faça um teste. Veja em sua agenda as atividades que foram realizadas na última semana e que foram desenvolvidas para a redução de trabalho. Provavelmente, nenhuma delas. Se você está sem tempo para reduzir trabalho, é um sinal de que você já está no triturador e de cabeça para baixo! Trabalhar mais horas hoje, amanhã, e depois, a semana inteira, é reagir à pressão. Isso vai resolver? Não, pois haverá mais pressão. Você tem de reconhecer que na empresa existe um triturador de pessoas e, assim, dedicar parte de seu tempo para reduzir trabalho.

Quando o triturador de pessoas está ligado, todos perdem: a empresa, o líder e os liderados. Por mais bem-intencionados que estejam, todos perdem: a empresa no desempenho; o líder, em sua carreira e em qualidade de vida; e, os liderados, em seu desenvolvimento.

"Eu sou a solução do problema"

Há gestores que administram utilizando o lado heroico de sua personalidade. Associamos o tipo de gestor "eu-sou-a-solução-do-problema" ao Zorro, pela similaridade de comportamento. O Zorro surge quando há algum problema na cidade. Aparece do nada, puxa a espada e derrota os bandidos, enquanto os cidadãos assistem ao embate, com segurança e proteção. Eles nada fazem, ficam olhando de perto, pegam algum objeto ou mandam as crianças para casa. O Zorro nunca matou um bandido. Depois que ele o domina, faz a sua famosa marca com a ponta da espada, sobe em seu cavalo e desaparece. Quando não há problemas, quem vai à cidade é o Don Diego de la Vega, um rico herdeiro que só se preocupa com coisas banais. Assim, o Zorro demonstra suas características, competências e habilidades somente quando está mascarado. O disfarce é quando traja o seu terno e vai para a cidade. A base fundamental da atuação do Zorro é resolver problemas. Essa é a razão de sua existência. O seu disfarce de bonzinho é para investigar se há novos bandidos na cidade.

O mesmo ocorre com o gestor-herói. A sua atuação é complementada pela equipe que cuida da rotina, longe dos riscos. Tanto o gestor quanto a equipe creem que o chefe é a solução dos problemas. Normalmente, o funcionário consulta o chefe, mesmo que saiba como solucionar o problema. Muitas vezes, o gestor nem sabe exatamente como resolver o problema, mas orienta o funcionário, pois como gestor-herói deve resolver tudo. Ele não pede ao funcionário uma avaliação da situação, que também não se sente obrigado a expressar a sua opinião. Se a orientação do gestor não funcionar, o funcionário volta a procurar o gestor-heroico ou homem-solução.

O gestor que quer resolver sozinho todos os problemas acaba por não amadurecer a equipe. Se você prestar atenção nos filmes do Zorro, verá que, enquanto ele duela com o bandido, no fundo da cena aparece alguém puxando uma carroça ou andando calmamente com uma moringa na cabeça. O quadro mostra que o povo segue sua rotina independente do que acontece com o herói, pois os problemas são vistos como dele. Assim, o herói é o principal responsável pela imaturidade de sua equipe e não pode se queixar da situação.

Quando há a troca de gestor, a equipe, por incrível que pareça, rende mais do que com o chefe anterior. Por não conhecer as tarefas imediatamente, o recém-chegado não tem como fazer atos heroicos. Ele administra os trabalhos gerencialmente e a equipe, sem a ajuda do Zorro, cresce. No momento que começa a controlar tudo a sua volta, acaba por empurrar novamente a equipe para baixo e a alienação dos subordinados retorna. E é fácil ficar assim! A equipe respeita o Zorro pelo heroísmo e, da mesma forma que os habitantes da cidade do filme, sente-se tranquila e protegida.

Esse tipo de comportamento ocorre tanto em grandes como em pequenas empresas. Como exemplo prático de como isso ocorre, colocamos a seguir um diálogo hipotético entre um funcionário da construção civil e um Zorro heroico, ocupadíssimo em espantar problemas:

– Dr. Osvaldo, tem que pintar as paredes lá. Pinta de branco ou de cinza?
– Você já pegou as tintas, Claudio? Vá buscar as tintas.

Pouco depois:
– Dr. Osvaldo, as tintas estão aqui. Pinta de branco ou de cinza?
– Você já passou o fundo? Claudio sai e diz para o pessoal que o chefe mandou passar o fundo. Alguém quer saber se passa em tudo ou não.

Claudio volta:
– Desculpa, Dr. Osvaldo, mas nós estamos querendo trabalhar lá embaixo. É pra pintar tudo?
– Claro, pinta tudo!

Algum tempo depois:
– Dr. Osvaldo, olha, nós passamos fundo em tudo.
– Vocês pintaram a parede onde vai fazer a projeção?
– Vou dar uma olhada.

Mais tarde, o Dr. Osvaldo vai até lá, o fundo está pronto.
– E agora, Dr. Osvaldo, cinza ou branco?
Vamos lá: isso aqui vamos puxar cinza para ficar bem, porque tem claridade. Fazemos essa, depois a gente vê o resto.

No diálogo, quantas vezes o Dr. Osvaldo tomou uma decisão? Nenhuma. Ele somente provocou a ação do subordinado. Quantas vezes provocou a ação? Várias. Essa relação desgasta tanto o gestor quanto a equipe dependente. É muito difícil manter os funcionários e assumir todas as responsabilidades por ele. E você, quanto tempo consome para proteger sua equipe? Onde quer chegar ao poupar sua equipe de riscos, proporcionando conforto e segurança?

Outro aspecto importante a ser considerado é também o lado centralizador do gestor-herói.

Ele adota a seguinte perspectiva: gerenciar é fazer com que a rotina e as metas se realizem e solucionar os problemas daí decorrentes. Uma justificativa para isso é que as metas das organizações são baseadas em rotinas e daí a necessidade de executá-las. Ao surgirem os *problemas*, a equipe chama o Zorro para resolvê-los e por que acredita que este é o seu papel. Essa forma de gerenciamento estimula o lado herói e promove a delegação de baixo para cima, ou seja, é a equipe que delega os problemas ao gestor, que fica sem tempo para exercer o seu real papel. Assim não se esqueça do socador do triturador de pessoas!

Vamos colocar outro exemplo com base no artigo de W. Oncken e D.L. Wass: "Who's got the monkey" (*Harvard Business Review*, dez./1999). O horário de saída de seus funcionários é normalmente às 6h. Quando chega o final do expediente, lá pelas 5:30h, eles começam a arrumar as coisas e programando as atividades para o dia seguinte. É quando identificam algum problema e, como já perceberam o seu estilo gestor-herói, às 5:45h pegam os problemas, ou melhor, encrencas e vão lhe procurar. Ou seja, amarram o macaco em uma corda e vão até a sua mesa. Se o problema for pequeno, você provavelmente o desqualificaria, como se fosse um saguizinho. Então, seus subordinados pegam o bichinho, penteiam seus pelos, dão uns tapinhas e lhe falam: "Chefe, aqui tem um gorila! Você precisa olhar isso! Senão, amanhã paramos!" Já são 5:50h e você com uma série de trabalhos ainda por fazer. O seu chefe está no telefone e você ainda tem a última reunião que irá começar às 6:30h. E o gestor--herói responde: "Deixa aí na mesa que eu olho".

Às 8h da noite, está você lá no escritório e achando que à noite o trabalho rende mais. Às 8:15h, ligam de sua casa e então você pega sua mala e coloca todos os bichos nela, como se fosse uma jaulinha, e vai para casa. Quando o trânsito para, os bichos dentro da mala ficam falando para você: "Quando você vai me resolver? Não vai dar tempo!" Tem gente que coloca o bicho no volante e até conversa com ele!

Em casa você não consegue abrir a mala e no dia seguinte ao chegar ao escritório, abre a jaulinha e lá estão todos os macacos, cada um em sua pilha. Mal você começa a ler um dos relatórios e aparece um subordinado (ele não entra por inteiro em sua sala, mas dá para perceber o ar descansado e o corpo malhado) que lhe pergunta: "Você conseguiu resolver aquele problema que eu te passei ontem? Estamos quase parando..." Bem, a pergunta é crucial: Quem é o chefe de quem?

Essa situação é decorrente do comportamento "eu-sou-a--solução". Os subordinados percebem que você assume esse papel e se moldam. Em todas as empresas, existem os Zorros. Outro comportamento típico do Zorro é quando ele participa de reuniões de planejamento e costuma comentar: "Não fiz nada hoje. Fiquei o dia todo em planejamento". Ele se sente produtivo quando resolve um sem-número de casos de curto prazo, tal qual o Zorro expulsando os bandidos da cidade. O Zorro gosta de ser avaliado pela quantidade de casos resolvidos, muito embora muitas vezes lamentem o desgaste sofrido. No entanto, é mais prazeroso estar cansado de estar resolvendo problemas do que ficar em reuniões de planejamento e de projetos de inovação.

Outro exemplo da atuação do gestor-herói. A equipe de Marketing quer fazer uma alteração no produto que vai provocar grandes alterações na forma em que hoje é produzido e marca uma reunião para às 3h. Um par pergunta ao gestor se ele vai participar da reunião e ele, reticente, responde que não sabe e vai para sua sala, a caverna do Zorro, onde ninguém sabe muito bem o que ele faz. Às 3:10h, ele entra na reunião. Ele esperou que todos os bandidos chegassem para brilhar mais. A reunião começa e ele começa a duelar. E a rotina se instala e todos admiram o Zorro. Bem, qual gestor é o autêntico: o Zorro ou o Don Diego? O que é o disfarce: o terninho mexicano ou a máscara? Com certeza, o disfarce é quando ele está sem máscara. Ele realmente gosta de ser Zorro, pois se avalia como um herói.

E ser um herói tem também as suas vantagens: sente-se importante, poderoso, o que faz muito bem ao ego. A empresa o avalia como alguém essencial e lhe proporciona estabilidade e um bom salário. Bem, isso era verdadeiro principalmente em até alguns anos atrás. Hoje, quanto mais Zorro você for, menos você liquidará com os problemas. O Zorro nunca liquida com bandidos, ele apenas os afugenta!

Atualmente, os novos desafios fazem com que esse comportamento gerencial seja inaceitável. É impossível ao gestor saber tudo. O que o gestor deve fazer é gerenciar pessoas e tirar delas o melhor que cada uma possa proporcionar. Os novos profissionais estão mais capacitados e informados. Assim, podem identificar e diagnosticar os problemas e apresentar alternativas para a sua solução. Abandone já a máscara do Zorro e faça a sua equipe crescer e mostrar toda a sua capacidade, enquanto produz resultados além das expectativas!

Será que você precisa mudar?

A empresa percebe que necessita mudar quando começa a perder mercado, cai a margem ou o caixa ou mesmo quando o clima organizacional é ruim ou ainda o nível de engajamento se torna insuficiente. Já para os funcionários, o alerta chega com a demissão. Mas, antes que isso aconteça, existem alguns indicadores que podem ajudar o gestor na percepção da necessidade de mudança. Por intermédio desses indicadores, você poderá avaliar se está se tornando descartável... Para utilizá-los com mais propriedade, você deve avaliá-los em sua área e não na empresa como um todo.

O teste que apresentamos a seguir pode ajudá-lo a identificar grande parte dos indicadores. Após preenchê-lo, peça aos subordinados validarem as respostas, pois, assim, evitam-se distorções. A sugestão é de que você revisite a cada dois ou três meses as questões como forma de gerir o seu desempenho e, claro, estabeleça um plano de ação. O plano deve ser estruturado com uma ação para cada item do teste, identificando quais mudanças são necessárias para o aprimoramento de seu desempenho. Na segunda vez que você percorrer o roteiro, verifique se houve ou não um avanço com relação à situação anterior.

Os indicadores associados ao diagnóstico de perfil fornecem uma excelente avaliação de seu momento profissional. Se quiser, pode também usá-los tendo como foco a sua empresa.

Para a avaliação, não é necessário colocar-se pontos para cada item, pois você logo irá perceber o que está acontecendo e o que vai acontecer com você. O importante é que você faça uma reflexão.

Indicadores	Sua reflexão
1) Prazos vencidos: tudo que chega para ser feito já deveria estar pronto.	
2) Acúmulo de trabalho: a jornada normal de trabalho é insuficiente e precisa ir para a empresa no sábado, tentar pôr em dia as coisas.	
3) Flexibilidade da estrutura: todo esforço adicional necessita ajuda da equipe, convencê-la da importância dessa necessidade. A estrutura está orientada para a tarefa.	
4) Objetivos imprecisos: você não consegue perceber com clareza para onde tem que ir, limita-se a cumprir as tarefas.	
5) Objetivos conflitantes: parece que você está na contramão, decidiu ir para um lado e os outros estão indo em direção oposta.	
6) Intermitência: a rotina anda e para; você precisa interferir para que ela volte a andar.	
7) Sucesso no passado: seu atual desempenho é insatisfatório, mas no passado você foi bem-sucedido e sempre faz menção àquele momento de "glória".	
8) Crescimento da equipe: sua equipe quer novos horizontes, quer crescer, mas você segura isso, com estratégia pessoal.	

9) Recursos para proteção: por falta de clareza de foco, há trabalhos sendo realizados sem necessidade, como relatórios que "alguém pode precisar, é bom ter" etc. Isso acarreta acúmulo de trabalho e falta de tempo.	
10) Pressão: você se sente sempre pressionado, por cima e por baixo, e nem sempre a cobrança corresponde a reais necessidades.	
11) Constante mudança de prioridades: tão logo você as estabelece, descobre que já não são mais aquelas; fica parecendo que tudo é prioritário.	
12) Ênfase excessiva na atividade: sua área transformou-se em um cartório, só cuida da rotina, não há espaço para pensar.	

Faça uma reflexão. O comportamento do gestor-herói é decorrente da falta de uma atitude que é fundamental para o líder: a proatividade.

Você é proativo?

Afinal, o que é ser proativo? Você é proativo? A resposta quase sempre será sim. Mas por que essa unanimidade? Porque as pessoas têm vergonha em colocar que não se antecipam às coisas, não estão à frente nas ações ou não têm iniciativa. Mas, se perguntarmos às pessoas se temos proatividade, quais serão as respostas? Provavelmente grandes surpresas surgirão, pois nem sempre conseguimos efetivamente estar à frente.

Vejamos, então, o estilo gestor-herói. As atitudes desse estilo são uma forma reativa de gestão: responde às ações diante do contexto em que se apresentam. A reação é melhor que a passividade, pois resolve os problemas e as situações adversas. Já a proatividade possibilita uma liderança isenta de pressões e, ao mesmo tempo, consegue obter um desempenho máximo de sua equipe.

Em nossa experiência como consultor, temos percebido várias experiências com relação à proatividade dos líderes. Esse comportamento é tão fundamental para a liderança eficaz que se tornou uma característica imprescindível para o sucesso de um líder.

No decorrer de nosso trabalho desenvolvemos uma régua para medir essa atitude a qual é composta de três partes (passiva, reativa e proativa).

A postura passiva – Diante de um estímulo externo, não há alguma reação. A postura **dinossáurica** caracteriza-se por indiferença e passividade frente ao que acontece no mundo externo. Pessoas com esse comportamento não gostam de participar de atividades em grupo, como reuniões ou seminários. Apenas trabalham, não reagem, não se adaptam e nem inovam. Elas sobrevivem no curto prazo e em um mercado competitivo tendem à extinção. Há empresas que podem ser denominadas de "vale dos dinossauros" de tantos líderes passivos que empregam. Ainda hoje é possível encontrá-los em empresas que prestam serviços essenciais à sociedade, têm o seu mercado cativo, sem concorrência e, assim, podem garantir emprego e salário. O gestor que atua em uma empresa com essas características está fora da realidade do mercado.

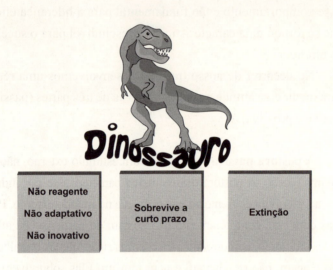

A postura reativa – Diante de um estímulo externo, há uma reação de resposta. A postura **camaleônica** caracteriza-se por observar as tendências externas e incorporá-las. Pessoas com esse comportamento buscam tirar o máximo proveito das forças favoráveis do ambiente para se resguardar. Elas reagem, adaptando-se à mudança, mas sem inovar. Elas sobrevivem no longo prazo, pois fazem o que lhes é pedido e as empresas gostam desse perfil de profissional. Elas trabalham muito e sempre estão correndo. São os "carregadores de piano".

RESISTIR	Não avança, mas defende-se se alguém invadir seu território.
AJUSTAR	Observa as tendências do ambiente e procura acompanhá-las.
EXPLORAR	Tira o máximo proveito das forças externas favoráveis.

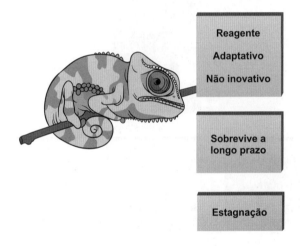

Reagente
Adaptativo
Não inovativo

Sobrevive a longo prazo

Estagnação

A postura proativa – Há uma ação pronta, independente de estímulo externo. A postura **empreendedora** caracteriza-se por aqueles que conhecem as forças do ambiente. Essas pessoas se caracterizam pela busca de novidades e informações, por antecipar-se, liderar e tentar convencer os outros. Elas sobrevivem a longo prazo e encabeçam os processos de desenvolvimento e inovação das empresas. As empresas necessitam desse perfil para se manterem competitivas.

INFLUENCIAR	Procura exercer uma forte influência no processo de decisão de mudanças, embasado em sua visão técnica e via de regra parcial.
ATACAR	Procura clareza de diagnóstico, sendo agressivo quanto a realização; consegue formular programas de mudança.
ANTECIPAR	Formula novas realidades e consegue articular a organização para a realização.

Reagente **Adaptativo** **Inovativo**	**Sobrevive a longo prazo**	**Desenvolvimento**

Ao longo dos últimos 20 anos, utilizamos de um instrumento no qual as pessoas de um grupo avaliavam de forma fechada a postura gerencial dos demais participantes do mesmo grupo. Por essa metodologia, que temos aprimorado ao longo desses 20 anos, já passaram milhares de pessoas. Trata-se de uma avaliação de imagens e não de competências perante as exigências de proatividade nos ambientes organizacionais em mudanças.

A aplicação do instrumento permitiu a construção de um banco de dados que me dá estatisticamente a seguinte composição: a) cerca de 15% dos gestores que temos observado são completamente dinossáuricos e percebemos um tipo intermediário, a que chamamos de **dinoleão** ou **camalossauro**, que reage por estímulo – quando esse cessa, ele para – e equivale a aproximadamente 25% dos profissionais observados; b) os de perfil camaleônico totalizam 50% aproximadamente; c) os 10% restantes são os empreendedores, dos quais 8% conseguem influenciar, mas sem clareza de resultados. Assim, apenas 2% realmente inovam, sabendo para onde ir.

Os exercícios realizados de votação cruzada de proatividade produzem, em geral, resultados muito impactantes. Muitos líderes são surpreendidos por imagens piores daquelas que efetivamente imaginavam. Eles muitas vezes negam e desqualificam os resultados do exercício, mas, em nossa experiência, a grande maioria das votações traz na sua essência uma verdade dolorida. Tivemos casos muito interessantes de líderes que assumiram os resultados como *feedbacks* importantes de carreira e realizaram grandes viradas.

Em uma empresa cliente nossa, estávamos fazendo um grande programa de capacitação em liderança e mudança cultural e em um de nossos *workshops* fizemos a votação de proatividade. Um dos líderes, que já era bastante experiente, foi surpreendido com um índice de proatividade realmente muito baixo. O resultado que ele nos mostrou era significativamente abaixo da média do grupo. O impacto foi devastador e ele efetivamente resolveu mudar. Estava prevista uma nova votação em seis meses e ele trabalhou muito em sua postura pessoal para modificar o quadro. Realizada a nova votação, ele não conseguia conter a ansiedade para ver o resultado. Em lágrimas ele se levantou e agradeceu a todos o resultado recebido que era agora significativamente acima da média do grupo. Extravasando, ele comentou que as mudanças que ele promoveu foram muito importantes e que ele tinha certeza de que o impacto seria positivo.

Tivemos casos de líderes que pediram demissão de seus cargos ao receberem avaliações muito baixas, alguns comentando que não conseguiriam continuar na empresa por vergonha.

Alguns líderes recebem votações baixas mesmo com pouquíssimo tempo de empresa. Perplexos, esses comentam que as pessoas nem as conhecem e já lhe atribuíram baixa proatividade. Costumamos dizer que alguns têm o dom de produzir uma péssima primeira impressão.

A proatividade percebida em nossos exercícios é medida através do índice de proatividade que é calculado através da fórmula a seguir.

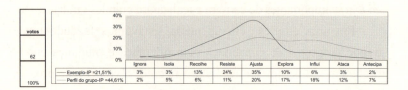

Cálculo da Fórmula do IP

$$IP = \frac{3x(\text{Influi}+\text{ataca}+\text{antecipa}) + (\text{resiste}+\text{ajusta}+\text{explora}) - 2x(\text{Ignora}+\text{isola}+\text{recolhe})}{3}$$

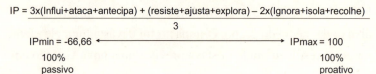

IPmin = -66,66 ←——————————————→ IPmax = 100
100%   100%
passivo   proativo

O valor do IP pode variar desde -66 para uma pessoa que tenha recebido todos os votos como passivos até 100 para uma pessoa que tenha recebido todos os votos como proativa.

Os índices históricos médios de proatividade percebida (IP) que temos obtido em turmas variam entre 39 e 47, mas em certos líderes temos visto índices que variam de valores negativos a até 97 em líderes muito proativos.

Se quiser aplicar esta ferramenta entre pessoas conhecidas basta usar a tabela a seguir:

Ignora	Isola	Recolhe	Resiste	Ajusta	Explora	Influencia	Ataca	Antecipa

Solicite que cada pessoa que você perguntar faça um x em até dois comportamentos que percebe na sua atuação. Passe para essas pessoas as definições de cada comportamento que foram mostradas anteriormente.

As tabelas devem ser preenchidas anonimamente e recolhidas e tabuladas por você. Conte a quantidade de "x" em cada coluna e calcule seu percentual. Quanto mais pessoas do seu convívio que preencherem melhor será o resultado. Coragem e vá em frente

Dicas para evoluir

Mas como evoluir em termos de proatividade? O que pode ser feito? A seguir colocamos algumas dicas.

Dica 1: Não insista na fraqueza dos outros

Falar mal e pisar em quem tem problemas não melhoram a sua atitude de proatividade. Consideramos até uma covardia se aproveitar de quem é fraco. A proatividade depende apenas de você mesmo e de estar adiante das demandas. Empurrar os outros para baixo apenas o faz ser ainda mais reativo.

Dica 2: Não desculpe as suas fraquezas e trabalhe com o que está ao seu alcance

Explicar e desculpar a sua atitude não o faz mais proativo. O que o faz mais proativo é a atitude de ocupar cada vez mais os espaços que ainda não foram ocupados. É comum vermos os líderes se explicando por que não são mais proativos. Alguns falam que o papel deles na organização pede que eles sejam assim. Outros falam que são reativos ou passivos porque a empresa não deixa que eles sejam proativos. Outros ainda colocam a culpa no chefe imediato.

A proatividade é um atributo de cada um. Exercê-la ou não cabe apenas a você. Stephen Covey, em seu brilhante livro *Os sete hábitos das pessoas altamente eficazes*, define seu hábito 1: "seja proativo". Covey comenta de dois círculos a que somos submetidos. O primeiro, o círculo de preocupação, que compreende o espaço que nos circunda e que nos coloca em situações as quais nem sempre nos sentimos à vontade. Por exemplo, a cidade em que vivemos nos preocupa. A empresa que trabalhamos tem uma série de situações com as quais não concordamos. O chefe que está acima de nós tem problemas de liderança e isso nos preocupa. O círculo de preocupação abriga todo o espaço que justificaria todas as nossas desculpas para não sermos proativos. Dentro do círculo de preocupação existe o círculo de influência que é determinado pelo espaço ao qual eu tenho domínio sobre os resultados das ações. Quando somos pouco proativos, nosso círculo de influência é muito pequeno diante do círculo de preocupação. Quando isso ocorre, tudo é motivo de preocupação e encontramos desculpas para todas as nossas fraquezas, o que nos faz cada vez menos proativos e mais preocupados e pressionados.

A única forma de mudar essa realidade é parar de dar foco ao círculo de preocupação e focar no círculo de influência. Como? Ocupando cada vez mais o espaço disponível. Fazendo cada vez mais o que está ao seu alcance e não se preocupando tanto com o que está fora do seu alcance. Ao fazer mais, andar mais rápido, antecipar-se às coisas, você aumenta naturalmente o seu círculo de influência e ele vai se tornando maior até que engloba o próprio círculo de preocupação. Portanto, para reduzir suas preocupações, pare de chorar e ocupe seu espaço.

Como ilustração, gostamos muito de citar o filme *O diabo veste prada*, em que a chefe diabólica era uma pessoa terrível, com muitos problemas como líder, desde humilhação até a falta de habilidade de relacionamento. A mocinha do filme está desolada, humilhada e chorosa quando vai conversar com um colega que parece que não tem problemas com a chefe. Ele pergunta a ela: "Por que você está trabalhando com ela ainda? Por que você não sai?" A resposta é que a chefe é uma verdadeira sumidade em moda e que não há lugar no mundo onde se aprenda mais. O recado dele basicamente é: "Então, ande, ocupe o seu espaço e pare de chorar". Levando tal tranco, a mocinha começa a se antecipar às demandas da chefe, procurando não mais responder às pressões, mas a estar a um passo à frente, surpreendendo a chefe que a ignorava. Em dado momento, a chefe se vê realmente surpresa com o desempenho da moça e modifica o tratamento dado a ela. No filme, isso é visto quando ela muda o comportamento no qual normalmente chegava pela manhã e simplesmente atirava seu casaco e bolsa sobre a mesa da moça, de maneira estúpida e agressiva, espalhando todo e qualquer papel que ela estivesse trabalhando. Na virada do comportamento, ela chega uma manhã e olha para a moça, ameaça jogar a bolsa e o casaco e interrompe o movimento. Vira-se e joga o casaco e a bolsa sobre a mesa da outra ajudante. Ou seja, ao ocupar o espaço disponível, nossas preocupações se reduzem até muitas vezes desaparecerem.

Dica 3: Admita seus erros

Admita o erro, corrija o problema e aprenda com ele, mais que todo mundo. Não se livra da culpa passando-a para os outros.

Erros são fontes de aprendizado. Exceto quando produzidos por falta de responsabilidade, distração ou desleixo, o erro é normal e faz parte do aprendizado. Quem nunca erra, nunca vai ser valorizado pelos acertos. Não admitir erros é atitude arrogante e não aumenta sua proatividade. Admitir erros, sim, mostra seu brio interior e seus valores e aumenta sua credibilidade. Jogar a culpa em outros é uma atitude desesperada que é percebida, reconhecida e condenada imediatamente.

Dica 4: Estude algo a fundo – seja referência em algum assunto

As pessoas proativas se dedicam com grande empenho a algum assunto para estar na fronteira do conhecimento. As atitudes de antecipar, ter uma visão e liderar o caminho exigem que estejamos na frente em conhecimento. A inspiração e intuição possuem limites e nem todo dia somos abençoados com visões e imagens do futuro. Resta, portanto, a transpiração, ou seja, corrermos atrás das informações, do desenvolvimento e do futuro. Ser proativo dá trabalho e muito. Recomendamos sempre que escolhamos assuntos que estejam ligados à nossa carreira e que nesses assuntos procuremos estar a par de todos os avanços do conhecimento. Para isso pode ser necessário se associar a entidades de classe, institutos de pesquisa, grupos de estudo, assinar revistas especializadas, fazer viagens por conta própria para outros países e outras empresas, ligar-se a órgãos de normatização, ensinar em universidades, fazer palestras, visitar feiras, ler muitos e muitos livros.

Dica 5: Saia do dia a dia pelo menos um pouco todos os dias

O dia a dia sufoca sua proatividade. Se você deixar, o triturador o pega e faz picadinho. Com disciplina, reserve uma parte do seu dia para planejar e antecipar o futuro. Alguns podem achar perda de tempo, mas sem isso você não conseguirá romper o círculo vicioso do dia a dia.

Gostamos da seguinte história de um amigo que estava ele passeando pelo Parque do Ibirapuera, em São Paulo, num domingo ensolarado. Todos que já fizeram esse programa sabem que o parque, embora muito bonito, fica completamente lotado e por todos os gramados se espalham os paulistanos em busca de lazer e algum ar mais puro. Também todos já viveram o desprazer de perceber que esses mesmos gramados rapidamente ficam sujos com latas, garrafas pet e papéis. Uma imagem triste, mas que instantaneamente nos acostumamos e tudo passa a fazer parte da paisagem como se não houvesse problema. Enquanto passeava em um desses gramados, este amigo notou que um senhor, já de certa idade, que também passeava no mesmo gramado, abaixava-se a cada vez que passava por um papel, lata ou garrafa e apanhava o lixo e continuava seu caminho. Com muita vergonha, nosso amigo passou a fazer a mesma coisa, recolhendo parte do lixo que estava no caminho. Como se fosse uma transmissão de pensamento, outras pessoas perceberam a mesma cena e dois, três outros domingueiros passaram a recolher os papéis. De repente, todos se encontraram na lata de lixo onde despejaram o resultado daquela caçada. A risada foi geral e não precisaram trocar uma única palavra. Se você sair do dia a dia, certamente outros o seguirão, pois o dia a dia traz uma inércia perigosa.

Dica 6: Cuidado com a grande armadilha do efeito narcótico dos problemas

Seria então uma das características mais notáveis que percebemos nos seres humanos a sua capacidade de adaptação e ajuste ao meio ambiente? Isso, geneticamente falando, é um dos importantes fatores de sobrevivência. Entretanto, não é bem esse fator que nos destaca dos demais animais. Possuem tal característica, ainda mais bem desenvolvida, as baratas e os ratos. O que nos destaca do restante dos seres é nossa capacidade de raciocínio, capacidade de interação e intervenção no ambiente e que usamos para o bem e para o mal, infelizmente.

Penso que usamos muito pouco desta característica que deveria nos destacar e garantir melhores condições de vida. A verdade é que nos acostumamos muito fácil com qualquer situação problemática. O ser humano faz muito mais força se adaptando a uma situação do que tentando interferir nela e modificar, melhorar, corrigir, solucionar o que está errado. Por exemplo, quem vive na cidade de São Paulo convive diariamente com situações problemáticas, quase insuportáveis, de forma pacífica e até mesmo cômoda. Quem diria 10 anos atrás que conseguiríamos conviver bem com congestionamentos médios acima de 300km e com congestionamentos eventuais beirando os 600km? Que nos adaptaríamos facilmente a não trafegar com nossos próprios carros durante um dia na semana? Que estaríamos ainda confortáveis com a violência urbana? Que teríamos que ter carros blindados para estarmos menos sujeitos a sequestros e assaltos? Que aceitaríamos como normal um toque de recolher imposto por traficantes?

Se formos pensar, o esforço que fazemos para nos adaptarmos a essas situações é exemplar e tantas vezes maior do que pensarmos em soluções que nos permitam sair deste caos e ter uma vida mais saudável.

O ponto crucial que queremos reforçar é que os problemas que nos envolvem provocam um efeito narcótico que nos anestesia em relação a eles. Temos um dispositivo de autoproteção que é acionado quando nos defrontamos com problemas e que, imediatamente, inicia a criação de uma blindagem em torno dos pontos doloridos provocados pelos problemas. Sim, criamos calos que nos impedem de sentirmos a dor que seria provocada e que nos permitem sobreviver sem grande sofrimento, mas também sem resolvermos os problemas.

George Odiorne, autor do livro *Análise dos erros administrativos*, conta um caso interessante sobre uma praia em um país frio europeu, na qual turistas vindos de todas as partes do mundo e os habitantes locais a frequentam juntos. Segundo ele, no início da temporada podemos claramente distinguir um grupo do outro, apenas porque somente os habitantes locais entram na congelante água do mar. Os turistas tentam, mas voltam, assustados com a criogênica temperatura. Passada uma semana de temporada, já não mais se distinguem os grupos e vemos tanto turistas quanto locais entrando e saindo da água como se ela estivesse na temperatura agradável de uma banheira de hidromassagem. Pois é, esse efeito narcótico nos anestesia e nos tira a clareza de percepção do meio ambiente, privando-nos de usarmos nossa maior virtude, a inteligência.

Como esse comportamento humano parece universal, nas empresas não nos comportamos diferentemente. Os gestores em todos os níveis, desde supervisores até presidentes de empresas, comportam-se exatamente da mesma forma. Os problemas aparecem, anestesiam-nos, tomamos uma dose de "problecaína", uma potente droga (droga mesmo), que nos tira totalmente a capacidade de percepção e de raciocínio. O problema vira rotina e a rotina nos consome e deixa de ser problema para virar apenas rotina. Conformamo-nos em como as coisas estão e são. Mais que isso, tornamo-nos dependentes da rotina e sem ela nos sentimos completamente perdidos. É, a vida é assim mesmo.

Certa vez, conversávamos com um amigo, muito inteligente e perspicaz, sobre suas próprias ideias e como ele chegava a produzi-las. Ele nos confessou, até um tanto envergonhado, que a mola propulsora de sua capacidade criativa era a enorme preguiça que ele tinha. Ficamos sem entender, mas ele explicou que detestava fazer as coisas de forma repetitiva e que sua preguiça o movia a criar soluções que pudessem deixá-lo mais tempo sem nada fazer. A preguiça, portanto, pode ser muito mais interessante do que poderíamos imaginar. Como falamos antes, o esforço para manter a rotina é enorme e chega a esmagar muitos executivos que, tenho certeza, não têm nada de preguiçosos, mas que estão convivendo com altas doses de "problecaína", uma droga que provoca dependência.

Será que a saída para isso é somente a preguiça? Pensamos que não. O antídoto para essa droga é aguçar a percepção e entender que boa parte da nossa inteligência instalada pode e deve ser usada pelos gestores para sair da inércia e despertar a proatividade latente.

A escada da proatividade

A figura abaixo é outra forma de vermos a questão da proatividade:

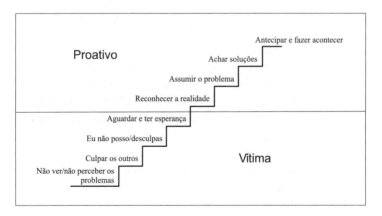

Em qual degrau você se encontra?

A ideia de proatividade extrapola a esfera da empresa e está muito ligada ao indivíduo e à atitude dele em relação à vida. Portanto, muitos dos exemplos que temos sobre essa característica podem vir de outras situações fora das organizações, mas mesmo assim representam grandes exemplos de atitude proativa.

Toti Loriggio – Carlos (nome fictício) é um grande amigo nosso. Veterinário de mão cheia de uma família com tradição de veterinários. Dos antigos, daqueles que conhecem muito mesmo. Cuidou de todos os cachorros de nossa família e sempre que a coisa era mais grave ninguém hesitava e corríamos para o Carlão. Uma vez um amigo, que estava há meses com uma irritação na pele e já havia feito mil e um exames sem sucesso no tratamento, ao encontrar com o Carlos, este logo foi curiosamente examiná-lo. "É sarna!, disse Carlos." "Imagina! – disse nosso amigo." "Já fiz mil exames." Mas mesmo assim receitou um remédio que em pouco tempo resolveu o problema. O Carlos é assim.

Acontece que Carlos teve um filho que nasceu com um grave problema no cérebro e que afetava severamente as funções cerebrais. Seu filho não conseguiria andar e eventualmente perderia a visão, entre outras trágicas consequências. É uma daquelas doenças em que não há tratamento e que existem apenas pesquisas espalhadas pelo mundo, mas sem conclusões firmes. Ao invés de se colocar como vítima da situação e ficar lamentando a tragédia, ele resolveu se aprofundar. Nesse terreno pantanoso, Carlos se meteu até o pescoço. Começou a pesquisar por conta própria, primeiro lendo tudo o que havia a respeito na internet. Com seus conhecimentos veterinários e sua inteligência e perspicácia, seu aprendizado de medicina era absolutamente vertiginoso. Em suas muitas madrugadas no Google, descobriu que havia resultados positivos quando eram aplicados via venosa altos níveis de uma substância chamada piridoxol, que é o princípio ativo da piridoxina (vitamina B6). O problema era que a aplicação diária via intravenosa, ainda mais em uma criança, era impossível. Passou a pensar na alternativa mais próxima da venosa que é o uso de supositórios. Uma nova barreira surgiu, pois o supositório é moldado a quente e o calor destrói as propriedades do piridoxol. Carlos então desenvolveu uma forma de fazer um supositório moldado a frio e testou em si mesmo por alguns meses antes de aplicar em seu filho. O resultado foi surpreendente. O menino que não andava e estava com problemas para enxergar, hoje está andando e enxergando. Ainda tem problemas, pois a doença é muito grave, mas Carlos conseguiu uma qualidade de vida excepcional para seu filho graças a uma imensa proatividade de sua parte, claro que facilitada por sua engenhosidade e inteligência.

As pessoas verdadeiramente proativas possuem uma inquietação interior que as move nas situações desafiadoras. Chamamos essa energia de inconformismo construtivo. Não se conformar, não aceitar as coisas como estão e ir além é uma das marcas que distinguem os líderes de alta *performance* do restante da média.

4
Em busca do seu equilíbrio emocional

Além da proatividade, eu e meu sócio temos percebido que outro atributo essencial ao próprio líder é o seu equilíbrio diante de situações mais difíceis, comuns no atribulado ambiente empresarial. Liderar exige demais de uma pessoa e a forma como ela atravessa os altos e baixos faz muita diferença. Principalmente para os liderados.

Iniciamos abordando esse assunto quando um executivo de uma empresa na qual estávamos ajudando na capacitação de seus líderes nos relatou que, embora seus líderes fossem muito comprometidos e esforçados, o traço cultural da empresa de forte execução tirava os principais líderes de seu centro, tornando-os agressivos e rudes diante de situações de dificuldade. Uma coisa é o líder se irritar com um problema ocorrido e a outra é ele xingar a equipe, gritando a todo pulmão e sair batendo os pés. Além de não resolver o problema em si, esse tipo de atitude não ajuda a obter maior engajamento e desempenho de seus liderados. Esse tipo de situação estava ocorrendo por duas razões principalmente. Uma pela pressão, vontade e ansiedade da liderança de conseguir executar bem as atividades. Diante de uma situação adversa, surge uma frustração, que é o combustível da perda de controle. Soma-se a isso uma falta de bons exemplos, pois era generalizado o descontrole. Inclusive nos escalões mais elevados. Portanto, não havia algum tipo de freio a esse tipo de atitude.

Além de um alinhamento muito sério com o time do topo dessa empresa sobre o nefasto exemplo que estava sendo dado e a obtenção de sério compromisso quanto a ajustes de conduta do grupo para esse tipo de situação, tivemos que nos aprofundar em algum tipo de ferramenta que ajudasse os líderes a perceberem e intervirem nesse equilíbrio emocional. Foi quando utilizamos algumas das ideias de Daniel Goleman, de seu livro *Trabalhando com inteligência emocional,* para a construção da ferramenta que se torna importante para o autodesenvolvimento de líderes.

Outro conceito incorporado a esse raciocínio foi a ideia de objetividade e de como lidar com emoções, que foi desenvolvida pelo falecido Dr. Luiz Paulo Salomão em seu famoso curso Treinamento Vivencial em Liderança, no qual se discutiam 10 assuntos importantes para um líder, mas em sua maioria atitudes como iniciativa, combatividade, criatividade, empatia, entre outras. Salomão criava as definições das atitudes através de fórmulas que eram formadas por outras atitudes. Por exemplo:

Iniciativa = espontaneidade + responsabilidade + objetividade

Com isso quebrava um conteúdo complexo, como iniciativa, em elementos menores para completar o sentido, o que tornava a dinâmica do curso muitíssimo rica. Todos os 10 assuntos discutidos no curso, sem exceção, continham necessariamente a palavra OBJETIVIDADE, que era definida como:

♦ É a capacidade de perceber e interagir com o mundo sem envolvimento emocional, permitindo que se foque no objetivo final.

♦ É o atributo que evita a atitude cega e imprudente, a ação subjetiva e parcial.
♦ É um comportamento de ir direto ao assunto sem rodeios.

Condições para a conduta objetiva:
♦ Reconhecer a emoção (como estou/sou-*insight*).
♦ Pesquisar a realidade externa de forma isenta.
♦ Perceber a influência que a emoção x a realidade pode provocar.

Será que, como líderes, estamos sendo objetivos? Ou a emoção está nos tirando dos trilhos? Como as emoções são inevitáveis, pois somos humanos e na verdade elas nos movem (EMOÇÃO – MOVIMENTO), resta-nos entendê-las e saber como contorná-las quando nos levam para onde não queremos. Mas será fácil entender as emoções?

Salomão, em suas aulas, costumava perguntar: Qual a emoção que você está sentindo agora? A pergunta era invariavelmente seguida de um silêncio constrangedor. É difícil responder assim de pronto qual a emoção. Daí, desenvolvemos uma dinâmica um pouco diferente que sempre aplicamos em aulas. Pedimos para que as pessoas listem sem ordem o máximo de emoções que conhecem e dou alguns minutos. O resultado dessa dinâmica é que as pessoas se lembram de, em média, quatro nomes de emoção. Os melhores da sala chegam a oito ou nove. Nosso repertório de palavras para expressar emoções é exíguo e incompleto. Mas a coisa fica ainda pior quando pedimos para que as pessoas definam as emoções mais complexas.

As mais citadas são alegria e raiva seguidas de medo e frustração. É interessante notar que ansiedade e angústia sempre aparecem quando o grupo é de executivos. Mais interessante é que poucos sabem diferenciar entre essas duas emoções tão presentes no dia a dia do executivo. A angústia é uma sensação de vazio que nos toma e ocorre porque não estamos tomando certa decisão. Quer parar de sofrer, basta tomar a decisão. Só que a emoção da angústia então se torna ansiedade, que é o aperto que sentimos quando a ação ainda não ocorreu.

A emoção da ansiedade nos prepara para a batalha, para o risco, para o desconhecido. A ansiedade é importante como fator de sobrevivência. Com a intenção de preparar nosso corpo para situações difíceis, nossa biologia interna secreta substâncias de defesa, cortizol, adrenalina e hormônios que provocam diferentes reações. Quando esse processo se inicia, por exemplo, 100 dias antes da ocorrência, passamos 99 dias carregando nosso sistema com toda uma química desnecessária, daí vem estresse e as doenças somáticas, pois ninguém aguenta essa sobrecarga.

ANSIEDADE
REAÇÕES QUÍMICAS
LUTAR ou FUGIR

Esse é um exemplo de como conhecer emoções e suas consequências pode nos ajudar, mas é preciso também conhecer quando as estamos sentindo e a objetividade de saber como elas podem estar nos ajudando e atrapalhando.

Um dicionário de emoções:

Agressividade • Afetividade • Aflição • Alegria • Altruísmo • Ambivalência • Amizade • Amor • Angústia • Ansiedade • Antipatia • Incômodo • Antecipação • Apatia • Arrependimento • Autopiedade • Bondade • Carinho • Compaixão • Confusão • Ciúme • Constrangimento • Coragem • Culpa • Curiosidade • Contentamento • Depressão • Desapontamento • Deslumbramento • Dó • Decepção • Dúvida • Egoísmo • Empatia • Esperança • Euforia • Entusiasmo • Epifania • Fanatismo • Felicidade • Frieza • Frustração • Gratificação • Gratidão • Gula • Histeria • Hostilidade • Humor • Humildade • Humilhação • Inspiração • Interesse • Indecisão • Inveja • Ira • Isolamento • Luxúria • Mágoa • Mau humor • Medo • Melancolia • Nojo • Nostalgia • Ódio • Orgulho • Paixão • Paciência • Pânico • Pena • Piedade • Prazer • Preguiça • Preocupação • Raiva • Remorso • Repugnância • Resignação • Saudade • Simpatia • Soberba • Sofrimento • Solidão • Surpresa • Susto • Tédio • Timidez • Tristeza • Vergonha (*Fonte Wikipédia*).

Gestão emocional

A falta dessa percepção leva a algumas doenças emocionais muito presentes nas organizações:

Gestão emocional

- Algumas disfunções emocionais:
  ✓ Arrogante
  ✓ Perfeccionista
  ✓ Chato
  ✓ Síndrome de Urtigão
  ✓ Indeciso/medroso
  ✓ Prolixo
  ✓ Monossilábico
  ✓ Mal-humorado/negativo
  ✓ Quer aparecer
  ✓ Indiferente
  ✓ Exagerado
  ✓ Agressivo
  ✓ Bonzinho

O que isso provoca...

Arrogante

Também chamado de prepotente. É uma disfunção emocional facilmente percebida. O arrogante não percebe que se mostra melhor que os outros e o impacto que isso causa. As emoções que estão por trás podem ser muitas, mas em geral são provocadas por uma insegurança muito grande que gera uma atitude de blindagem. Líderes arrogantes fazem muito mal para liderados, pois esses vão sentir uma grande inferioridade.

O arrogante também cria uma competição com seu chefe e tem dificuldade de aceitar qualquer subordinação. Certa vez soubemos de um executivo conhecido nosso que havia sido dispensado pelo CEO da empresa. Conversamos com o CEO para entender o que havia ocorrido e o mesmo nos revelou que a arrogância do diretor tinha chegado a um limite que tornava a convivência insustentável. Chamamos o diretor para conversar e, de certa forma, confortá-lo e acolhê-lo. Em nossa conversa, sugerimos que essa situação fosse usada como aprendizado para a vida e perguntamos a ele o que havia aprendido com a situação. Ele respondeu: "Aprendi uma lição e tanto. É isso que dá trabalhar com um chefe menos inteligente que eu. Nunca mais".

Ou seja, aprendeu quase nada e provavelmente vai continuar arrogante. Enquanto ele não perceber o impacto que causa nos outros, não adianta, pois a mudança não ocorre.

Perfeccionista

O perfeccionista vê o mundo com uma lente de aumento, diferente de todos. Convenhamos que tudo que se vê de muito perto é cheio de defeitos. Como o perfeccionista vê todos os defeitos, ele não acha quase nada perfeito e continua eternamente em sua busca. O problema é que com isso as coisas nunca terminam. Essa diferença de visão cria a disfunção que tira a objetividade do perfeccionista.

Acreditamos que todo perfeccionista sabe que é perfeccionista, pois ele incomoda as pessoas a sua volta e que não se sentem incomodadas de falar, mesmo por que ser chamado de perfeccionista nem é uma ofensa (como o seria no caso do arrogante). Por que então ele não deixa de ser? Por que ele não concorda com o mundo e quer deixar as coisas mais perfeitas? Chefe perfeccionista deixa os liderados loucos, pois esses estarão sempre devendo. Também deixa chefes e pares insatisfeitos, pois para ter coisas perfeitas os prazos são deixados de lado.

> **Toti Loriggio** – Certa vez em conversa de *feedback* com meu liderado, depois de várias evasivas, consegui que ele me falasse o que minha atuação como chefe mais o incomodava. Ele falou que ficava extremamente irritado quando eu o chamava de perfeccionista. Desabafando, falou que sabia que o era e que eu não facilitava as coisas jogando isso em sua cara. Comentei, com uma cara de surpresa, que, quando eu falava isso, era porque precisava acelerar as conclusões, e eu como chefe não poderia deixar de cumprir as metas. Chegamos à conclusão de que eu realmente precisava dar o *feedback* do prazo, mas que não precisava usar a palavra perfeccionista. Nosso acordo funcionou muito bem.

Chato

Nunca vimos essa palavra em um livro descrita como uma disfunção emocional, mas temos certeza de que claramente é. O chato importuna os demais em diversas formas. Ele não percebe o impacto que causa nas pessoas a sua volta. Todos sabem quem é o chato do grupo, menos ele próprio. Ele não desconfia que está incomodando e, quando desconfia, não liga ou não considera seu problema. Alguns acham que por trás existe certo gosto sádico e cínico por importunar os outros. Diversas ações fazem com que consideremos alguém chato como:

- Fala coisas fora de hora e de contexto.
- Reclama demais, nada está bom.
- Gruda, não tem noção do tempo e de quando parar.
- Pede coisas constrangedoras.
- Explica demais.
- Não entende entre as linhas e nem as caras e bocas.
- Faz perguntas óbvias ou que não têm resposta.
- Entra nas conversas sem ser chamado.
- Monopoliza a fala.
- Invade a sua privacidade.

Em geral são monótonos ou previsíveis, ou teimosos, ou repetitivos, ou irritantes, ou maçantes, ou inconvenientes ou tudo ao mesmo tempo.

Até admitimos quando alguém fala que fomos chatos em determinada situação, mas consideramos uma grande ofensa quando alguém diz que "somos" chatos. Por isso é muito difícil dar *feedback* para um chato sem ofendê-lo.

> **Toti Loriggio** – Tive a oportunidade de ter um liderado chato. Ao assumir a área, meu predecessor me alertou que estava para demiti-lo porque ninguém o aguentava de tão chato. E, realmente, o rapaz era uma boa representação de um chato pleno. Entretanto, era uma das pessoas mais bem preparadas para sua atividade profissional. Juntei toda paciência possível e fiz um dos

feedbacks mais difíceis da minha vida. Com exemplos e mostrando que eu queria efetivamente ajudar, falei com todas as letras a palavra CHATO para ele. Adotei o compromisso de após cada reunião em que participávamos juntos, sentarmos para que eu pudesse apontar seu progresso ou não nesse assunto. Fiquei surpreso com a dificuldade de ele perceber o seu comportamento e mudar, mas lentamente houve um grande progresso. Estive recentemente com ele nessa empresa na qual ele continua até hoje. Ainda possui alguns traços, mas ele consegue hoje manter os relacionamentos estáveis e até foi promovido.

Quando o líder é chato, o impacto pode ser muito grande em seus liderados. Temos certeza de que nenhum liderado chegará para você com um *feedbck* sobre chatice, portanto, atenção para essa disfunção.

Síndrome de Urtigão

Urtigão era o personagem da Disney que vivia isolado e que odiava o contato com pessoas. Algumas pessoas são mesmo assim. Procuram viver um mundo à parte, com o mínimo de contato e relacionamento. Em geral, fazem muito bem a sua parte, mas evitam o contato. Vêm trabalhar e voltam para casa como se houvesse uma redoma de vidro entre elas e o mundo. Essa aversão ao contato fica latente em poucos dias e uma pessoa com essa síndrome fica rapidamente estigmatizada no grupo, quer seja ela líder ou liderada.

> **Toti Loriggio** – Em uma de minhas experiências como líder sentimos uma grande dificuldade em lidar com um liderado que sofria da Síndrome de Urtigão. Eu era o gerente de uma área de TI que enfrentava como

grande desafio um enorme *backlog* de pedidos de clientes para a correção de erros nos sistemas e eventuais evoluções e mudanças. Com recursos de pessoas muito escassos, e alguns muito sobrecarregados, senti a necessidade de rever a alocação dos analistas nos diversos sistemas para tentar otimizar as coisas, dando vazão ao que era mais urgente e importante no momento. Ao fazer isso, deparei-me com um analista sênior, o Miguel [nome fictício], que na época tinha uns 45 anos de idade e que tinha criado e fazia a manutenção de um dos sistemas mais antigos que estavam em uso. Miguel trabalhava intensamente o dia todo. Sempre que perguntava sobre a demanda, ele mostrava uma lista grande de intervenções que fazia. Esse sistema havia sido desenvolvido em uma linguagem antiga que era dominada apenas por ele. Além disso, os conceitos necessários para a manutenção do sistema e a sua arquitetura eram conhecidos apenas por ele. Se ele saísse da empresa, ninguém saberia de imediato como realizar as manutenções. E olhe que elas eram muito constantes e necessárias. Para piorar a situação, ele era extremamente fechado e até mesmo carrancudo. Miguel vinha, trabalhava e ia embora sem quase conversar com ninguém. Dificilmente era visto almoçando com alguém ou tomando cafezinho. Sentava na frente do terminal logo cedo e ia até o final do dia. Isso dia após dia. Era um enigma. Nas poucas interações com a equipe na qual ele era cobrado ou exigido de alguma tarefa a mais, sua reação era forte e truculenta. Ele falava rápido, baixo, duro e o mínimo possível. Imaginem sua interação com os usuários do sistema.

Em uma tentativa de resolver a situação, coloquei outro analista para acompanhá-lo nas atividades diárias e para que ele compartilhasse o que fazia. Passada uma semana, o outro analista voltou para mim dizendo: "Desisto... ele não abre a boca o dia inteiro".

O final da história até que não foi tão ruim. Estrategicamente precisávamos de um novo sistema e o contratamos como terceiro para apoiar no desenvolvimento em conjunto com nossa equipe. Ao mesmo tempo, ele como uma empresa terceira deveria manter o sistema antigo funcionando até a entrada do novo. Ao mesmo tempo, ele arrumou outros clientes em que seus conhecimentos eram muito úteis e acabamos nos separando sem grandes rupturas.

O problema desse caso é que o Miguel não suportava a interação com as demais pessoas da empresa. Sua reação era se isolar e criar um mundo à parte em que podia se focar e viver em paz. Para ele, isso era bem confortável e foi se consolidando ao longo dos anos. Qualquer um que tentava entrar tomava tiro de chumbo grosso. Não estar emocionalmente acessível para as outras pessoas da empresa pode até ser possível por um tempo, como foi no caso do Miguel, mas não se sustenta e não creio ter sido muito favorável à própria carreira dele. Imaginem se o papel de Miguel fosse de liderança. O espaço aberto seria ainda maior.

Indeciso ou medroso

Entre as fobias e medos, existe uma que diz respeito à dificuldade em tomar decisões, também chamada de "decidofobia". Para algumas pessoas, cada decisão pode ser realmente traumática e difícil. Se isso ocorrer em um líder em posição executiva, pode ser um verdadeiro caos. Imagine um executivo em que sua próxima decisão será a sua primeira. Um dos principais papéis do executivo é a tomada de decisão. Se ele começar a procrastinar e evitar, seu papel estará certamente comprometido. Temos visto muitos executivos que não percebem esse medo presente.

Em geral, o executivo assume o disfarce da análise e do cuidado para evitar riscos. Então vamos fazer mais uma pesquisa para termos certeza. Vamos buscar mais dados para ter menor risco e, assim, a análise vira uma paralisia em termos de decisão. Usamos para isso o termo em inglês *analisys paralisys*, ou seja, a paralisia da análise.

Vivemos em um mundo imperfeito com dados e informações incompletos e grande parte da habilidade do líder é saber sobreviver nesse contexto complexo. Além disso, vivemos muitas situações em que mesmo uma decisão imperfeita é melhor do que nenhuma decisão. Quando o líder é visto como indeciso, inseguro ou até medroso, seus liderados não assumem riscos e deixam o barco correr, o que é muito ruim para o desempenho da área. Perceber quando esta disfunção está presente e tratá-la trará importante impacto.

Prolixo

O prolixo dá voltas no assunto e tem dificuldades em abordar o assunto principal. Em geral ele insere contexto com receio de não ser entendido ou de ser muito direto ou até de garantir que o interlocutor não perca parte do todo. Com isso ele dilui o discurso que deveria ser feito, tornando a mensagem fraca e confusa. Justamente seu principal receio se concretiza, ou seja, a mensagem final não é passada. Outros prolixos usam a fala para ganhar tempo para pensar na resposta, e com isso distraem o interlocutor a ponto de não serem ouvidos quando a resposta é dada. Em primeiro lugar é preciso entender que normalmente isso é uma disfunção emocional e não um problema técnico de comunicação. Psicólogos atribuem essa dificuldade a um certo receio ou medo do impacto causado nos interlocutores. Estamos falando da emoção "medo". Perceber e vencer isso não é nada fácil e passa por aumentar a autoconfiança e a autoestima.

Uma pessoa próxima esteve fazendo entrevistas de emprego em empresas e um dos entrevistadores em um ato de muita transparência comentou que ele havia sido prolixo na entrevista. Perguntamos a ele se havia percebido isso e se ele havia mesmo sido prolixo. Ele refletiu e disse que sim. Como não é algo que percebemos normalmente em seu comportamento, perguntamos o porquê. Ele disse que o entrevistador havia feito uma pergunta que ele não sabia direito como responder e que ficou falando enquanto tentava encontrar a resposta. Claramente um medo de mostrar que não sabia bem e parecer um mau candidato, acabou passando uma imagem que certamente não é boa para um candidato.

A comunicação é a principal ferramenta de um líder. Quando ela não funciona ou funciona com problemas o líder fica em situação muito precária. Normalmente recebemos *feedback* de que fomos ou não prolixos, às vezes explícitos, às vezes através de gestos caras e bocas.

Monossilábico ou indiferente

O que tanto o monossilábico quanto o indiferente têm em comum é a falta de real envolvimento com a organização. O monossilábico responde a tudo o que queremos, mas não se aprofunda. As respostas são secas e curtas. Alguém pode até dizer que ele seria objetivo, mas não é bem isso. Seria objetivo se as respostas atendessem ao objetivo, mas o monossilábico em geral não atinge esse objetivo. Já o indiferente responde o que se quer ouvir. Para ele tanto faz como tanto fez. Não faz diferença. A impressão que dá é que o monossilábico e o indiferente estão na organização para cumprir tabela, sem o envolvimento e o engajamento que se espera. Quando isso ocorre no papel do líder, torna-se ainda mais crítico. Um líder se envolve por definição. Quando o líder se torna indiferente, ele autoriza que todos seus liderados também o sejam.

Mal-humorado ou negativo

De vez em quando ficamos para baixo mesmo, sem vontade de rir ou vendo o mundo com um certo pessimismo. Normal, mas essas fases precisam estar contrabalançadas com momentos de energia, otimismo e humor. Quando só percebemos o lado negativo, aí estamos falando das doenças emocionais do mal humor e da negatividade endêmica. Quando isso ocorre no papel de líder o efeito é muito ruim. Normalmente liderados de chefes mal-humorados costumam adotar estratégias de fuga e de sonegação de informações. Um chefe mal-humorado e negativo afasta os liderados e torna sua própria liderança inviável e distante.

Ouvimos certa oportunidade a declaração de um liderado que comentava que seu líder tinha dois estados de humor: ruim e péssimo. Antes de falar com ele ligava para a secretária para perguntar como estava o dia dele. Se estivesse no péssimo, ela recomendava vir em outra hora ou nem vir.

Quer aparecer

Ser o centro das atenções o tempo todo acaba sendo uma das disfunções emocionais que temos presenciado nas organizações. Algumas pessoas precisam estar no centro do palco com todos os holofotes sobre elas, senão não se sentem satisfeitas. Algumas atraem a atenção com a fala, outras com os gestos, outras ainda com a forma de se vestir.

Quando isso é exagerado, você fica rotulado e, sabendo que você sempre está querendo aparecer, as demais pessoas ligam um filtro que reduz a intensidade do que você fala ou faz. Sendo assim, mesmo quando possui assuntos importantes para falar, esse filtro estará ligado, pois o seu comportamento incomoda os demais. De vez em quando, é importante causar impacto e chamar a atenção, mas, quando isso se torna uma conduta contínua, ela perde o efeito. A mesma coisa acontece quando fazemos nosso *marketing* pessoal. Quando é exagerado, ele perde o efeito.

Conhecemos um executivo, que era uma pessoa especialmente intensa. Rápido no gatilho e muito inteligente, ele rapidamente percebeu que se destacava nas reuniões de diretoria com o CEO. No início era engraçado assistir a suas *performances* na reunião, mas a coisa foi cansando e se tornou um conflito. Todas as reuniões eram polarizadas entre ele e os demais, mas ele ocupava o centro. A impressão que se tinha era de que ele preparava o *script* da reunião. Certa vez ele chegou ao cúmulo de, aos berros, subir na mesa de reunião. Era um verdadeiro teatro, mas em termos de resultado para a empresa aquilo tudo agregava muito pouco.

Exagerado

O exagerado é aquele que transforma tudo em melodrama. Os problemas são todos amplificados e se tornam novelas intermináveis. Em geral é uma forma de chamar a atenção e de obter reconhecimento por parte de pessoas muitas vezes inseguras. As interações com os melodramáticos são sempre cansativas e complexas. Todos percebem o exagero e isso traz impacto para a credibilidade do líder. Com o tempo ninguém acredita mais e ele começa a virar piada dos corredores.

Agressivo

Mencionamos antes, quando introduzimos a questão do equilíbrio emocional, a história da empresa que havia se tornado agressiva. Pois o agressivo é quase sinônimo de desequilíbrio emocional. Os agressivos possuem várias armas que machucam. Eles, às vezes, falam alto, usam palavras duras e, muitas vezes, rudes, seus gestos são fortes e impactantes, sua linguagem corporal e sua face brigam junto, mas, em geral, é o conteúdo de sua comunicação que mais contunde. No fundo, o agressivo procura intimidar em seus relacionamentos, provocando temor e reduzindo o espaço do relacionamento. Algumas literaturas têm chamado esse comportamento de tóxico, pois de certa forma envenena o ambiente de trabalho, muitas vezes trazendo consequências graves, como doenças somáticas e demissões por dificuldade no relacionamento. Em geral, ele se sustenta na organização porque tem resultados superiores ou porque possui um poder especial que pode vir de competências raras e difíceis de serem encontradas ou ainda porque tem ligações com "pessoas-chave" e acessos únicos. Essas condições criam um escudo protetor que acaba inibindo que ele seja ameaçado.

Bonzinho

Neste caso a disfunção emocional está ligada à dificuldade de desagradar e de conflitar. O bonzinho quer ganhar o concurso de popularidade e com isso deixa a organização em segundo plano. Isso porque nunca é possível agradar a todos simultaneamente. Os conflitos são naturais entre pessoas e entre áreas. Objetivos diferentes, mesmo que alinhados, provocam diferenças nas percepções e nas ações que um bom líder precisa saber lidar. Falar não e discordar fazem parte do processo de liderar. Discutir, argumentar e buscar posições são atitudes necessárias para a condução de uma empresa e, colocando as relações com as pessoas em primeiro lugar, fará com que a empresa fique no mínimo em segundo lugar.

A esposa de um amigo nosso tem um coração enorme. Preocupa-se com todos a sua volta e se envolve muito facilmente com os problemas dos outros. Em casa ela assume o papel de líder de algumas pessoas, entre elas a doméstica que trabalhava em casa e a faxineira, além de marido e filhos, claro. Ambas tinham suas próprias vidas e problemas em suas casas. Filhos ficam doentes, maridos perdem emprego, o trânsito na cidade em que vivemos é cruel, nosso sistema de saúde é precário. Assim, minha esposa foi cedendo, cedendo, cedendo, e quando foi ver, estava trabalhando mais do que as duas juntas. A doméstica geralmente faltava às segundas-feiras, que era o dia mais difícil no pós-final de semana, e a faxineira, por problemas de trânsito, chegava às 11h e saía às 16:30h. Acho importante entendermos as situações de crise e especiais de nossos liderados e favorecermos sempre que possível para que eles possam estar bem no trabalho. Mas quando as situações especiais vão invadindo o dia a dia normal, algo está errado. Nossa emoção está invadindo a tão necessária objetividade. Não dá pra resolver todos os problemas do mundo. Cada um precisa arcar com os seus e tocar a vida, mesmo que essa vida não seja muito justa. O líder de vez em quando não vai agradar a todos e tem que ser exigente e esticar o desempenho. Quando o líder é bonzinho, o desempenho acaba sendo piorzinho.

Inteligência, personalidade e equilíbrio emocional

A inteligência tradicional pode ser definida como a capacidade mental de raciocinar, planejar, resolver problemas, abstrair ideias, compreender ideias e linguagens e aprender. Uma das formas de medi-la é usando o famoso QI (Quociente de Inteligência). A inteligência é definida geneticamente e nascemos e morremos com ela para o bem ou para o mal. Ela não pode ser desenvolvida de maneira importante.

A personalidade é o conjunto de características psicológicas que determinam os padrões de pensar, sentir e agir, ou seja, a individualidade pessoal e social de alguém. A formação da personalidade é processo gradual, complexo e único a cada indivíduo. Os psicólogos dizem que a personalidade se cristaliza na infância/adolescência e dificilmente sofre mudanças, exceto quando existem grandes traumas que afetem profunda e psicologicamente uma pessoa. Portanto, novamente não há nada a fazer em relação a esse aspecto, uma vez que estamos sempre falando de liderança em pessoas adultas e com personalidades já formadas. Um exemplo dessas características psicológicas seria a introversão x extroversão. É uma característica pessoal de cada uma e não existe o certo e o errado para essa característica. Existem, sim, situações que facilitam ou dificultam a interação de introvertidos e extrovertidos.

O equilíbrio emocional é a capacidade de lidar com as emoções (próprias e alheias) de maneira a favorecer o atingimento dos objetivos. Portanto, diferentemente de inteligência tradicional e da personalidade, o equilíbrio emocional pode ser desenvolvido a partir de uma maior habilidade no tratar com nossas emoções e de outros e também com o efetivo emprego da objetividade que mencionamos anteriormente neste capítulo.

Em uma típica carreira profissional, os estágios iniciais são bastante impulsionados pela inteligência tradicional, enquanto que, quando somos alçados a posições de liderança, o equilíbrio emocional e a nossa capacidade de lidar com as emoções passam a ser preponderantes. Nossa experiência com grupos de executivos tem mostrado que, ao perguntarmos quais as características que fazem um bom líder, as respostas apontam muito mais para o equilíbrio emocional do que para a inteligência tradicional ou mesmo para a personalidade. As pessoas comentam que os líderes admirados são coerentes, sabem ouvir, são inspiradores, são justos, confiam em seus liderados, tratam de forma respeitosa, são contagiantes. Portanto, quanto mais para cima na hierarquia você estiver, mais importante que se desenvolva esse equilíbrio emocional.

Os quatro quadrantes emocionais

A partir das ideias de Goleman, desenvolvemos o quadro abaixo que se tornou uma ferramenta para que possamos entender como estamos em termos de equilíbrio emocional e para que possamos desenvolver ações que promovam nossa evolução naqueles espaços de que mais necessitamos.

Gestão emocional

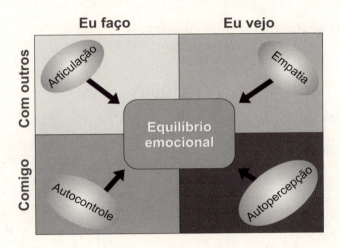

É um esquema simples, mas que facilita o entendimento de um conceito tão amplo quanto o equilíbrio emocional. Decompomos o esquema em quatro partes mais simples e intuitivas.

O quadro possui na horizontal duas variáveis: Eu faço e Eu vejo. Dizem respeito à forma de interação, sendo que preciso entender como Eu faço as coisas e, portanto, as minhas ações. O Eu vejo diz respeito à minha percepção, como eu entendo e observo as coisas. Na vertical temos outras duas variáveis que definem os interlocutores: Comigo e Com outros. A combinação forma os quatro quadrantes:

♦ Autopercepção: é o que eu vejo em mim mesmo.
♦ Autocontrole: é o que eu faço comigo.
♦ Empatia: é o que eu vejo e percebo nos outros.
♦ Articulação: é o que eu faço com os outros.

Assim, o conceito de equilíbrio emocional é a busca pelo

domínio simultâneo desses quatro quadrantes. Níveis menores em um ou dois deles representam desequilíbrios que podem afetar o seu desempenho como líder e, ao mesmo tempo, grandes oportunidades de desenvolvimento.

Desenvolvemos um instrumento que temos aplicado com sucesso em muitos grupos que buscam identificar certo percentual para cada um dos quadrantes. Seria um Quociente Emocional, ou QE, que indicaria os espaços que podemos nos desenvolver. O teste abaixo é simples e autoexplicativo.

Número	Perguntas	Nunca ou quase nunca	Algumas vezes	Frequentemente	Sempre ou quase sempre
1	Consigo realmente entender as emoções que estou sentindo no momento em que ocorrem.				
2	Reconheço as coisas que faço bem sem necessitar que os outros me falem.				
3	Sinto-me confiante e competente com as minhas habilidades.				
4	Entendo claramente que o meu jeito de ser contribui para as dificuldades que às vezes me encontro.				
	Total das questões 1 a 4 / Total das escolhas feitas em cada alternativa				
5	Tenho dificuldade em perceber o impacto que meus sentimentos provocam sobre o meu desempenho.				
6	Surpreendo-me quando me alertam para alguns problemas de desempenho.				
7	Evito comentar aquilo que tenho dificuldades.				

Número	Perguntas	Nunca ou quase nunca	Algumas vezes	Frequente-mente	Sempre ou quase sempre
	Total das questões 5 a 7 / Total das escolhas feitas em cada alternativa				
8	Tolero frustrações sem ficar desmotivado.				
9	Possuo energia própria independente do ambiente onde estou inserido.				
10	Tolero situações estressantes sem deixar que isso afete o resultado.				
11	Sou flexível e adaptativo à necessidade e à situação.				
	Total das questões 8 a 11 / Total das escolhas feitas em cada alternativa				
12	Tenho dificuldade em me calar quando algumas situações o exigirem.				
13	Perco o controle e falo agressivamente com pessoas quando estou irritado.				
14	Quando percebo já estou em dificuldades por causa da minha emoção.				
	Total das questões 12 a 14 / Total das escolhas feitas em cada alternativa				
15	Procuro tentar entender o que as outras pessoas estão sentindo e me coloco no lugar delas.				
16	Consigo entender as necessidades daqueles que dependem de mim.				
17	Aprecio interação social e busco estar com pessoas.				
18	Percebo a linguagem corporal das outras pessoas.				
	Total das questões 15 a 18 / Total das escolhas feitas em cada alternativa				
19	Não sou reconhecido como um bom ouvinte.				

Número	Perguntas	Nunca ou quase nunca	Algumas vezes	Frequente- mente	Sempre ou quase sempre
20	Não costumo captar o que incomoda ou não as pessoas.				
21	Tenho dificuldade em perceber o clima do grupo com o qual estou interagindo.				
	Total das questões 19 a 21 / Total das escolhas feitas em cada alternativa				
22	Influencio as pessoas, sou ouvido.				
23	Desenvolvo e cultivo relacionamentos.				
24	Sou objetivo ao tratar com pessoas com problemas.				
25	Tenho facilidade para inspirar liderados e mostrar caminhos para o futuro.				
26	Sou percebido como um comunicador claro e eficiente.				
	Total das questões 22 a 26 / Total das escolhas feitas em cada alternativa				
27	Tenho aversão a conflitos.				
28	Sou percebido como meio irritante ou teimoso.				
	Total das questões 27 a 28 / Total das escolhas feitas em cada alternativa				

Para identificar o percentual para cada um dos quadrantes, siga as orientações a seguir.

Autopercepção

		Total de questões	Multiplicar por	Resultado
Questões 1 a 4	Nunca ou quase nunca		1	
	Algumas vezes		2	
	Frequentemente		3	
	Sempre ou quase sempre		4	
Questões 5 a 7	Nunca ou quase nunca		4	
	Algumas vezes		3	
	Frequentemente		2	
	Sempre ou quase sempre		1	
			Total	

Pontos	% QE
7	0
8	5
9	10
10	14
11	19
12	24
13	29
14	33
15	38
16	43
17	48
18	52
19	57
20	62
21	67
22	71
23	76
24	81
25	86
26	90
27	95
28	100

Autocontrole

		Total de questões	Multiplicar por	Resultado
Questões 8 a 11	Nunca ou quase nunca		1	
	Algumas vezes		2	
	Frequentemente		3	
	Sempre ou quase sempre		4	
Questões 12 a 14	Nunca ou quase nunca		4	
	Algumas vezes		3	
	Frequentemente		2	
	Sempre ou quase sempre		1	
			Total	

Pontos	% QE
7	0
8	5
9	10
10	14
11	19
12	24
13	29
14	33
15	38
16	43
17	48
18	52
19	57
20	62
21	67
22	71
23	76
24	81
25	86
26	90
27	95
28	100

Empatia

		Total de questões	Multiplicar por	Resultado
Questões 15 a 18	Nunca ou quase nunca		1	
	Algumas vezes		2	
	Frequentemente		3	
	Sempre ou quase sempre		4	
Questões 19 a 21	Nunca ou quase nunca		4	
	Algumas vezes		3	
	Frequentemente		2	
	Sempre ou quase sempre		1	
			Total	

Pontos	% QE
7	0
8	5
9	10
10	14
11	19
12	24
13	29
14	33
15	38
16	43
17	48
18	52
19	57
20	62
21	67
22	71
23	76
24	81
25	86
26	90
27	95
28	100

Articulação

		Total de questões	Multiplicar por	Resultado
Questões 22 a 26	Nunca ou quase nunca		1	
	Algumas vezes		2	
	Frequentemente		3	
	Sempre ou quase sempre		4	
Questões 27 a 28	Nunca ou quase nunca		4	
	Algumas vezes		3	
	Frequentemente		2	
	Sempre ou quase sempre		1	
			Total	

Pontos	% QE
7	0
8	5
9	10
10	14
11	19
12	24
13	29
14	33
15	38
16	43
17	48
18	52
19	57
20	62
21	67
22	71
23	76
24	81
25	86
26	90
27	95
28	100

Para apurar os resultados, transcreva no quadro os pontos e os percentuais de Quociente Emocional obtidos em cada um dos quadrantes.

Resultados

Tipos IE	Autopercepção	Autocontrole	Empatia	Articulação
Pontos dos tipos de EE				
% QE				

Os resultados podem variar de pessoa para pessoa, mas a média obtida dos pontos tem sido em torno de 65% para os quatro quadrantes. Considero que um número que poderia ser considerado bom seria algo acima dos 70%, mas o mais importante é a análise relativa entre os quadrantes. A busca mais importante seria pelo quadrante mais desenvolvido e pelo menos desenvolvido.

Muito embora o teste permita que haja empate de números, recomendamos sempre que você mesmo desempate, usando sua própria percepção. Consideramos que seja mesmo importante dar foco a um dos quadrantes como ponto de desenvolvimento e se apoiar em outro como ponto forte. Em geral, o conhecimento que temos de nós mesmos é mais que suficiente para esse desempate.

Autopercepção

> Entendimento de si próprio
> - Emoções, motivos, valores, forças e fraquezas
> - Capacidade de resposta ➡ Confiança

Características evidentes	O que fazer para evoluir
Reflexivas – aprendem com as vivências	Observe a si próprio com atenção
	Reconheça as emoções que está vivendo e como elas podem ajudar ou atrapalhar
Dedicam tempo a ouvir *feedback*	Monitore os sinais físicos produzidos
	Após as ocorrências volte ao tema e registre conclusões sobre como enfrentá-lo novamente no futuro
Prestam atenção em si mesmos	Descubra os comportamentos reincidentes. Procure agir preventivamente
	Admitir o problema é o primeiro passo

A autopercepção é, como o próprio nome diz, o quadrante do entendimento de si próprio. Pode parecer muito básico, mas muitos de nós não damos a devida atenção a esse quadrante e somos traídos em termos de equilíbrio emocional por ele. As pessoas que possuem esse quadrante desenvolvido têm um interesse natural e até uma curiosidade maior por si próprias. Preocupam-se em entender as emoções que estão sentindo e por que as sentem. Por exemplo, imaginemos uma situação em uma viagem aérea na qual a aeronave está passando por uma região de enorme turbulência. Violentos movimentos verticais se sucedem e as portas dos compartimentos começam a se abrir devido aos chacoalhões. O carrinho de serviço se soltou e começa a bater descontroladamente. As pedras de gelo rolam livremente pelo corredor. Uma reação de quem tem boa autopercepção seria de entender que a emoção presente é o medo e ficar atento e pronto para uma eventual saída de emergência caso o pior aconteça. Outra reação comum, mas com baixa autopercepção, seria começar a gritar descontroladamente, o que certamente veríamos em algumas pessoas. Esse seria o comportamento de mergulhar na emoção e surfar intensamente nela, mesmo que não ajude em nada. Outra reação possível é a resignação gerando a paralisia e a imobilidade. A pessoa resignada assume que está tudo perdido e que todos vão morrer, e essa reação também em nada ajuda, pois, se houver a necessidade de alguma ação, essa pessoa estará totalmente despreparada. Resta um tipo mais estranho ainda. Aquele que nem percebe o que está acontecendo a sua volta e, se percebe, isso não o afeta. É o indiferente que continua a fazer o seu passatempo de Sudoku como se nada estivesse se passando. Certas pessoas simplesmente não sentem as emoções ou as sentem de forma diferente, e isso é considerado até uma doença (Alexitimia).

A autopercepção ainda engloba as pessoas que procuram entender e aprofundar seus direcionadores de motivos. Voltando ao comentado anteriormente sobre realização, afiliação e influência, essas pessoas facilmente entendem qual seu principal direcionador, entendendo suas carências e as coisas que as fazem felizes. Também sabem diferenciar bem os seus valores, ou seja, as coisas que são racionalmente importantes e as que precisam ser preservadas. E, por último, também como fruto de tudo isso, elas sabem o que fazem bem e o que não fazem bem, ou seja, as forças e as fraquezas. Esse autoconhecimento produz internamente uma segurança importante para a atividade de liderança. Ao me conhecer melhor, posso trazer os desafios para os espaços onde desempenho melhor e com menor risco. Desta forma, as coisas saem menos do controle e são mais bem-sucedidas. Isso produz uma confiança interna importante e reforça nossa autoestima. Líderes autoconfiantes passam esse sentimento para seus liderados que respondem com maior empenho e energia.

Como são as pessoas com autopercepção
Mas como as pessoas desenvolvem essas características? Através de três práticas:

1) Aprendem com as vivências anteriores. As experiências passadas são fruto de reflexões e aprofundamento. Voltam aos insucessos sem sentimento de derrota, mas com vontade investigativa de entender e aprender. O mesmo ocorre com os sucessos.

2) Buscam incansavelmente *feedback*. Procuram outras pessoas para ouvir sobre sua atuação, desempenho, relacionamento, comunicação e tudo o que trouxer autoconhecimento. Não consideram *feedback* como crítica e possuem verdadeiro gosto por ouvir sobre si mesmas. Essa abertura para ouvir, mesmo que sejam aspectos negativos, é a chave para um melhor autoconhecimento. Havia um professor que usava repetidamente a palavra "nisso" durante as aulas. A tal ponto de os alunos fazerem um bolão com apostas para quem adivinhava o número de vezes que ele repetiria a palavra. Ao perceber que tinha virado piada, ele solicitou que os alunos que percebessem que ele havia falado "nisso" levantassem a mão assim que ele falasse. Claro que isso resultou em algumas aulas em que todos levantavam a mão o tempo todo, mas que fez com que o professor percebesse o tamanho do problema. Daí para mudar foi um pulinho. Essa foi a maneira que ele usou para receber *feedback*.

3) Observam a si mesmos. Prestam atenção a si mesmos, dedicam parte do seu foco de observação e análise a si mesmos e com isso entendem o que está acontecendo, em oposição a outras pessoas que dedicam todo o foco de observação ao mundo externo.

Como evoluir nesse quadrante?
Praticando um pouco mais das três frentes
1) Pratique a observação de si mesmo. Isso mesmo! É preciso treinar, pois senão esquecemos e, quando vamos ver, continuamos na mesma. Procure várias vezes ao dia acessar suas emoções. Quais emoções estou sentindo? Quais motivos estão me levando ou me arrastando? Quais valores estão sendo importantes? O que fiz bem ou fiz mal? Dica: ter um caderninho e tomar notas dessas coisas é muito útil, pois mostra nossa evolução nesse assunto. Outra dica: essas coisas demoram a evoluir. Meses, às vezes, anos.
2) Monitore os sinais físicos. Nosso corpo fala através de sinais físicos, como:
  a) mãos frias;
  b) suor;
  c) garganta seca;
  d) branco;
  e) coração acelerado;
  f) corar;
  g) choro;
  h) grito;
  i) ironia.
Os sinais físicos são as evidências das emoções e muito mais fáceis de serem percebidos. Procure fazer as associações e criar certa prática nisso.

3) Enfrente seus demônios. Não é fácil voltar a situações de fracasso, frustração, pânico ou vergonha. Reviver essas emoções pode ser muito difícil e, em muitos casos, impossível sem ajuda profissional. Mas parte do sucesso nesse quadrante está em tirar aprendizado das situações exatamente para evitar que ocorram novamente. Quando entendemos o que aconteceu, podemos ter medidas preventivas que evitem que o desastre ocorra uma segunda vez, enquanto que, se enfiamos a cabeça num buraco em atitude de avestruz, não temos como evitar quando a situação se repetir. Pior, ficaremos carregando essa insegurança pelo resto da vida.

Toti Loriggio – Tive uma experiência bastante traumática que para muitos seria até inconfessável, principalmente em um livro aberto, mas isso é parte do processo de enfrentar os demônios, ou seja, conseguir falar deles abertamente. Eu estava em um processo de consultoria em uma empresa que culminou em um grande *workshop* envolvendo umas 200 pessoas. Estava tudo organizado, os *slides* prontos, as dinâmicas a serem aplicadas desenhadas, o tempo para cada palestrante distribuído. Minha parte a ser falada viria somente no período da tarde. O dia começava com a abertura do presidente e com uns 10 *slides* nos quais ele falaria sobre a estratégia da empresa. Acompanhei de perto a abertura e vi que estava tudo em ordem e me desliguei. Fiquei respondendo alguns e-mails no fundo da sala, sabendo que somente entraria em cena dali a algumas horas. Não é que, de repente, o presidente da empresa, ao se ver meio apurado com um dos *slides*, comenta: "Esse *slide* aqui o consultor vai explicar melhor para vocês" e me chamou ao palco. Pânico no ar! Eu não tinha ouvido a frase anterior dele e não sabia como entrar no assunto do *slide*. Eu sabia tudo que precisaria falar, mas era um assunto delicado que eu gostaria de fazer a ligação muito bem-feita e "perdi o bonde". Quando fui ver, tinha travado. Para piorar, alguém fez uma piadinha na plateia e todos riram. A respiração não veio, o cérebro entrou em colapso e passei uma das maiores vergonhas da minha vida. Uma alma boa da plateia me trouxe uma água que serviu para dar uma relaxada e entrar algum ar para saírem as primeiras frases e depois a coisa fluiu. Não era a primeira vez que acontecia, mas foi a primeira vez que produziu um desastre do meu ponto de vista. Devo ter ficado sem dormir uns dois dias só pensando naquele episódio. Muito sofrimento depois. Tirei algumas conclusões para minha vida profissional e que serviram para evitar muitos problemas. Um deles é que eu preciso de um preparo para entrar em cena e que esse preparo traz o relaxamento necessário. Por isso nunca mais subestimei esse tempo. Segundo, tenho um discurso decorado de entrada, de surpresa, que serve para diversas situações, visando dar-me um tempo para relaxar caso eu não o tenha, como aconteceu naquela ocasião. Além de outras pequenas conclusões que desenvolvi a partir daquela experiência.

As situações de dificuldade emocional se repetem. Cabe a você mapeá-las e se preparar para quando elas ocorrerem. Assumir que tem um problema é o primeiro e mais importante passo. Assumir que você está vulnerável é importante. Todos nós queremos ser invulneráveis, mas não somos.

Certa vez, conversando com um alto executivo para um trabalho de orientação pessoal para seu processo de liderança, que já estava com problemas, ele nos pergunta como seria o trabalho. Respondemos que faríamos entrevistas com o chefe dele, seus pares e subordinados para entender melhor a situação e que, depois disso, passaríamos a interagir diretamente com ele. Ficamos surpresos ao ouvir que ficou preocupado com o que esse grupo de entrevistados iria pensar dele. Claro que as entrevistas iriam formalizar que existe um problema, mas na prática todos já sabiam que ele existia. A dificuldade de reconhecer a vulnerabilidade é o primeiro passo para não resolver o problema.

4) Busque sempre *feedback*. *Feedback* positivo é muito fácil de ouvir e muito gostoso. Mas o negativo é difícil. Como fazer então? Costumamos dizer que *feedback* não é verdade nem mentira, é percepção. Ouvir a percepção dos outros é importante para que tenhamos outra visão da realidade que pode ser muito diferente da nossa. Se aceitarmos o *feedback* como um presente dado pela outra pessoa, será muito mais fácil de recebê-lo. Nem sempre gostamos de todos os presentes que ganhamos. Mesmo assim, sempre agradecemos ao ganhar e ficamos contentes genuinamente, porque mostrou que alguém se preocupou em nos comprar algo. O sentimento deveria ser o mesmo quanto ao *feedback*. Mesmo uma crítica mais ácida e dura pode ter um grande aprendizado. Se o *feedback* não puder ser aproveitado, porque não fez sentido de nenhuma forma para você, simplesmente esqueça e siga em frente.

Autocontrole

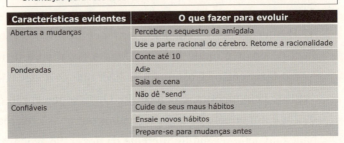

Capacidade de canalizar os impulsos emocionais na direção dos objetivos
CONHECER SUA AMÍDALA CEREBRAL

Autocontrole
- Flexibilidade/adaptabilidade
- Orientação para resultado

Características evidentes	O que fazer para evoluir
Abertas a mudanças	Perceber o sequestro da amígdala
	Use a parte racional do cérebro. Retome a racionalidade
	Conte até 10
Ponderadas	Adie
	Saia de cena
	Não dê "send"
Confiáveis	Cuide de seus maus hábitos
	Ensaie novos hábitos
	Prepare-se para mudanças antes

É o quadrante do controle de nossas próprias ações. Canalizar os impulsos emocionais na direção dos objetivos finais. Em última instância, a objetividade de não deixar que nossas emoções atrapalhem aquilo que desejamos atingir.

Mas por que não conseguimos de vez em quando controlar nossas próprias ações, uma vez que somos seres racionais. O que nos descontrola a ponto de fazermos coisas menos racionais? Por que de vez em quando nos tornamos pequenos dinossaurinhos descontrolados?

A amídala cerebral

As amídalas cerebelosas são grupos de neurônios que, juntos, formam uma massa esferoide (formato de uma amêndoa) de substância cinzenta com cerca de dois centímetros de diâmetro, situada no polo temporal do hemisfério cerebral de grande parte dos vertebrados, incluindo o homem. Dizem fazer parte de um cérebro primitivo ancestral que regula as atividades muito básicas e instintivas ligadas à sobrevivência. Essa região do cérebro faz parte do sistema límbico e é um importante centro regulador do comportamento sexual e da agressividade. As conexões internas da amídala no cérebro garantem seu importante desempenho na mediação e controle das atividades emocionais, como amizade, amor e afeição, nas exteriorizações do humor e, principalmente, nos estados de medo e ira e na agressividade. A amídala é fundamental para a autopreservação, por ser o centro identificador do perigo, gerando medo e ansiedade e colocando o animal em situação de alerta, aprontando-se para evadir ou lutar. A destruição experimental das amídalas (são duas, uma para cada um dos hemisférios cerebrais) faz com que o animal se torne dócil, sexualmente indiscriminativo, afetivamente descaracterizado e indiferente às situações de risco. O estímulo elétrico dessas estruturas provoca crises de violenta agressividade. Em humanos, a lesão da amídala faz, entre outras coisas, com que o indivíduo perca o sentido afetivo da percepção de uma informação vinda de fora, como a visão de uma pessoa conhecida. Ele sabe quem está vendo, mas não sabe se gosta ou desgosta da pessoa em questão.

A amídala é a responsável pelos disparos emocionais vindos de nossos sentidos. As situações de perigo, raiva e medo são detectadas por nossos sentidos e enviadas às amídalas através da coluna cervical. A amídala dá o alarme, que é então interpretado pela parte de nosso cérebro responsável pela racionalidade: o córtex pré-frontal, que interpreta e decide o que fazer. Portanto, em geral somos guiados pela nossa parte racional que decide, sendo nossos instintos subordinados a ela. Entretanto, em certas situações, o alerta da amídala é tão forte e rápido que dizemos que ela sequestra nossa parte racional. A esse fenômeno foi dado o nome de "sequestro da amídala", momento em que somos tomados por ações instintivas, coordenadas por uma parte jurássica de nosso cérebro. Daí nosso comportamento jurássico nesses momentos e a dificuldade de retomar a racionalidade.

Quais emoções disparam a amídala?

A raiva é a principal responsável pelo sequestro da amídala. Existe um ditado que diz: "Raiva nunca é sem motivo, mas raramente é um bom motivo". Alguns casos de raiva são emblemáticos como quando Mike Tyson, em luta de boxe contra Evander Holyfield, saiu da linha completamente e mordeu a orelha de seu oponente a ponto de arrancar um pedaço. Aquela mordida custou a Tyson a bagatela de 3 milhões de dólares e um ano de suspensão do boxe. Tyson já não tinha um histórico de bom equilíbrio emocional, mas foi provocado por Holyfield que sussurrou provocações em seus ouvidos durante a luta, culminando na mordida mais cara da história. Sempre imaginamos que a amídala de Tyson deve ser hipertrofiada.

Outro caso famoso envolveu o jogador de futebol Zinedine Zidane, que desferiu uma cabeçada no peito do oponente Materazzi durante o jogo França e Itália na Copa do Mundo de 2006. O golpe foi televisionado ao vivo para o mundo todo e Zidane sofreu as caras consequências disso. Também foi a raiva que disparou todo o processo. Segundo dizem, Materazzi teria falado algo sobre a irmã de Zidane, que também não tinha fama de ser muito equilibrado emocionalmente.

Estávamos acompanhando uma reunião com o CEO de uma empresa e seus diretos para entender a dinâmica do líder e de sua equipe. Percebemos que desde os primeiros momentos da reunião o CEO disparava palavras mais duras ao diretor comercial, o que não ocorria com os demais diretores. O ambiente se tornou até constrangedor com a diferença de tratamento dado. No intervalo rapidamente perguntamos ao CEO em conversa reservada se, por acaso, ele não gostava do diretor comercial e até se ele estava pensando em demiti-lo. Surpreso, ele respondeu: "Demitir? Está louco? Ele é o meu melhor diretor!" "Então por que você o trata assim?" A resposta foi bem simples: "É porque ele me irrita".

O CEO ficava com raiva e deixava a raiva sair do controle, muito embora o diretor comercial fosse a pessoa mais importante da equipe. Se a raiva não for controlada, a situação invariavelmente irá acabar em ruptura. Líderes sentem raiva, não notam, e quando vão perceber já é tarde demais.

Outro grande disparador de sequestros de amídala é o medo. O medo é um sentimento que proporciona um estado de alerta demonstrado pelo receio de fazer alguma coisa, geralmente por se sentir ameaçado, tanto física como psicologicamente. Pavor é a ênfase do medo. O medo pode provocar reações físicas como descarga de adrenalina, aceleração cardíaca e tremor. Pode provocar atenção exagerada a tudo que ocorre ao redor, depressão, pânico etc. Mas também provoca a ansiedade, que comentamos anteriormente com maiores detalhes. Talvez uma das grandes consequências negativas do medo seja a paralisia, a imobilidade, a procrastinação ou a apatia.

Como são as pessoas com autocontrole

Talvez o principal segredo para o autocontrole seja a flexibilidade e a adaptabilidade. Em geral, a perda de controle emocional ocorre em situações de mudança, quando o *script* está fora do planejado. Nessas situações a pessoa com autocontrole sabe se adaptar e procurar extrair o melhor de algo que nunca será como foi planejado. Isso somente pode ser obtido deixando as emoções como raiva, frustração e medo fora das decisões práticas. Essas pessoas dirigem-se pelo resultado que se conseguirá e isso as leva a uma conduta extremamente objetiva. Em geral, são pessoas abertas à mudança, ponderadas, que usam a razão acima de tudo, e com isso são percebidas pelos demais como confiáveis, pois nunca perdem a cabeça.

Carlos, Rodrigo e outros dois amigos, todos jovens em seus 20 anos, estão na praia em férias jogando pôquer. Em determinado momento, Carlos agride Rodrigo verbalmente. Rodrigo se controla e responde objetivamente a Carlos. Carlos então ameaça fisicamente Rodrigo e propõe que eles resolvam o assunto lá fora, na hora. Rodrigo comenta que topa brigar com o Carlos, mas só se, depois do jogo, ele ainda quiser continuar com aquela loucura. Após algumas rodadas, Carlos já está mais calmo e reconhece que exagerou, e tudo "acaba em pizza". 20 anos mais tarde, Rodrigo é um executivo extremamente bem-sucedido, enquanto Carlos está pulando de emprego em emprego, lutando para amadurecer emocionalmente.

Como evoluir nesse quadrante?

♦ Perceber o sequestro antes que ele aconteça

Fácil falar, difícil de fazer. O sequestro é rápido, imediato. Quando se percebe, já está feito. Por isso, costumamos dizer que temos que nos preparar antes. Todos nós temos os chamados pontos cegos. Aquelas situações que repetidamente somos pegos desprevenidos e nos lamentamos. Por exemplo, o CEO que se irritava com o diretor comercial. Ele precisava se preparar antes de estar com ele e treinar sua reação para evitar o indesejável.

166

Ou combinar com o diretor para evitar o que o irritava. Às vezes, ocorre com o nosso chefe. Prepare-se antes de se reunir com ele. Muitos têm reações muito negativas de desequilíbrio emocional no trânsito. Prepare-se antes de sair de carro, ensaie o que você vai fazer. Evite ser pego despreparado. Eu particularmente tenho perdido muitas vezes o controle em filas.

> **Toti Loriggio** – Fico muito irritado quando alguém tenta passar na minha frente e muitas vezes me descontrolo. Minha prática atual é, sempre que estou entrando numa fila, falo para mim mesmo: Cuidado, perigo, fila à vista! Não vai perder a calma e estragar o seu dia por causa desta besteira! Tem ajudado bastante.

Conhecemos um gestor que tinha fama de ser "pavio curto". Ele tinha uma artimanha interessante: trocou todos os palavrões e agressões pela palavra "coração". Além de não falar as coisas erradas, ficava muito engraçado, e aquilo aliviava a tensão. Por incrível que pareça, ele começou a se controlar mais, pois já falava rindo: Está tudo errado, coração!!!

♦ Trazer a racionalidade de volta

Se a amídala já fez o seu sequestro, você precisa retomar o controle com o seu cérebro racional. Nessa hora, é preciso trazer à tona o conceito de objetividade. Qual é o objetivo disso tudo? Onde vou chegar se continuar com essa situação? Qual é o resultado final e o que eu ganho com isso? Em geral, essas perguntas não podem ser respondidas pela amídala e com elas nosso cérebro racional acaba ganhando controle.

Toti Loriggio – Quando eu tinha ainda pouco tempo de carteira de motorista, vi-me envolvido em uma batida bastante forte. Era de noite e eu fui fazer uma conversão proibida para evitar dar uma volta mais longa e, justamente nesse momento, outro carro estava fazendo uma ultrapassagem (que depois vim a saber que também era proibida) e colidimos fortemente. O susto foi enorme e as minhas emoções estavam no total controle da situação. Eu ainda estava tentando sair do carro quando o outro motorista aos berros começou a falar com enorme agressividade. Saí do carro, supondo que eu estava totalmente errado e ele totalmente correto e me desculpei pela vergonha e que pagaria todos os prejuízos. Ele continuou berrando feito um louco, falava que era juiz de Direito e que iria me prender, entre outras ameaças. Minhas emoções passaram de medo e vergonha para raiva, mais uma vez eu repeti que estava errado e que pagaria os prejuízos, mas que ele parasse de gritar. Ele continuava gritando quando, por acaso, olhei para o carro dele e vi uma imagem marcante. Seus dois filhos pequenos estavam na janela de trás olhando assustados com aqueles olhos arregalados e cheios de lágrimas. Foi um choque que acordou o meu cérebro e, em uma última tentativa, eu virei a cabeça do outro motorista na direção das crianças e falei: "Vai ficar muito feio para mim e para você eles nos verem rolando pelo chão em uma briga, mas vai ser isso que vai acontecer se você não parar de gritar". Ainda bem que foi o suficiente. Ele parou imediatamente e voltou para o carro para ver os filhos. Fechou a porta e foi embora e nunca mais me ligou. Olhar para os filhos e entender que aquela atitude não levaria a lugar algum foi uma retomada da racionalidade para nós dois.

♦ Ganhar tempo

Na hora da crise, tempo pode fazer diferença. Por isso que o contar até 10 às vezes funciona. Conseguimos tempo para destravar a amídala. Saia de cena, arrume uma desculpa e desapareça para pensar. Não envie o e-mail, não responda, por mais que tenha vontade. Peça para alguém mais próximo ler antes de você mandar. Converse com outras pessoas sobre o que está acontecendo. Nada vai piorar muito se você não agir com pressa. Uma noite de sono às vezes faz milagres e traz a lucidez de volta.

> **Toti Loriggio** – Com meu quente sangue italiano nas veias, tenho a tendência a não deixar nenhuma discussão, principalmente as mais acaloradas, para depois. Minha esposa, por outro lado, de vez em quando, fala: estou nervosa e não vou discutir esse assunto agora. No começo foi muito difícil, mas aprendi que, quando os ânimos estão muito quentes, adiar um pouco pode ser vantajoso para os dois lados.

♦ Preparar-se para as mudanças

Lembre-se de que as pessoas com autocontrole são flexíveis e adaptativas. Mudanças acontecem com todos e, quando as coisas mudam, a única coisa sobre nosso controle é a maneira de reagir às novas circunstâncias. Lamentar o passado e reagir ao que já ocorreu não vai ajudar nesse momento. A preocupação genuína é de como fazer o melhor possível daqui para frente. Qualquer outra atitude é perda de energia. Claro que é frustrante quando as coisas dão errado ou saem do rumo, mas a habilidade de contornar os obstáculos e não perder o objetivo de vista precisa prevalecer sempre.

Outro dia estávamos preparando um curso para uma empresa que tinha uma logística muito especial. Necessitava de materiais impressos numa ordem certa, um número exato de folhas cortadas em um formato específico para uma dinâmica, o *layout* da sala que permitisse a execução do exercício, uma pré-leitura de um caso e tantos outros pequenos detalhes. Para combinar com a pessoa que estava a cargo da empresa de preparar a logística, falamos com ela antes para saber quanto tempo ela precisaria do material e especificações para garantir que tudo estaria certo. Em geral, as empresas pedem três dias antes, mas essa pessoa pediu duas semanas, o que nos colocou em uma situação de estresse, pois tinha sobrado apenas dois ou três dias para preparar tudo. Com o intuito de evitar problemas, viramos o final de semana e preparamos todo o material antes da data estipulada, mandamos instruções com todos os detalhes em quantidades, medidas, formatos etc. e ainda ligamos para saber se existiam dúvidas, reforçando as necessidades.

Ao chegar o dia do curso, encontramos a sala diferente do combinado, o número de pessoas da turma era diferente, os materiais não estavam impressos e as folhas para a dinâmica estavam diferentes do solicitado (não era nem perto do tamanho especificado, nem tinha a quantidade necessária). Fomos pegos de surpresa e tivemos uma reação de raiva inadequada para a hora. Todo o esforço que tínhamos tido para as coisas darem certo e pela sensação de falta de responsabilidade da pessoa que tinha as atribuições de produzir despertaram uma raiva enorme. A pessoa havia delegado a atividade a outra pessoa que não soube conduzir adequadamente e fomos pegos de surpresa. A frustração e irritação foram tão grandes que nossa energia foi mais canalizada para reclamar e brigar do que em encontrar uma saída melhor para a situação. Começamos o curso, mas logo vislumbramos as saídas para a situação e conseguimos realizar um ótimo evento. Após o evento, recebemos um duro *feedback* sobre a reação inicial. Desculpamo-nos, pois ela tinha razão e só então comentamos sobre a total falta de responsabilidade e da situação inadmissível a qual nós tinhamos sido expostos. Depois do curso era a hora de discutir o que queríamos desabafar antes dele.

Empatia

> Capacidade de detectar emoções em outras pessoas. Não é SIMPATIA nem APATIA.
>
> • Atenção e preocupação aos outros
> • Ler o não verbal e o verbal não explícito
> • Gostar de gente

Características evidentes	O que fazer para evoluir
Sensíveis, perceptivas	Atenção às palavras, tons de voz, às mensagens
Conscientes da importância das diferenças	Atenção ao corpo, caras, bocas e posturas
	Atenção às pessoas como pessoas e não como coisas
Não prejulgam	Registre tuas impressões como treino
Considerados bons orientadores/mentores	Afira a veracidade das mesmas
Conseguem criar sintonia na comunicação	Erre, pois o erro faz parte do aprendizado

A palavra empatia vem do grego *empatheia*, que significa entrar no sentimento. Entendemos aqui como sendo a capacidade de detectar as emoções nas outras pessoas (como vejo os outros no nosso referencial dos quatro quadrantes). Não se trata de simpatia ou gostar dos outros. Perceber e entender o que os outros estão sentindo, mas sem perder nossa individualidade.

A empatia surge na infância. Crianças desenvolvem empatia naturalmente. Muitos experimentos científicos comprovam isso e todos nós já vivemos situações em que uma criança começa a chorar e as outras imediatamente engatam no choro sem terem razão específica. Crianças choram quando suas mães choram, ou seja, elas sentem junto. Essa capacidade vai sendo perdida com a idade e alguns conseguem mantê-la em maior ou menor grau.

A palavra "psicopata" significa a pessoa que não consegue sentir empatia e com isso pratica as maiores atrocidades sem sentir nada. Claro que isso é uma doença e todos nós (pelo menos a maioria) temos pelo menos um nível mínimo de empatia, suficiente para o convívio salutar normal. Mas a empatia em maior grau facilita o relacionamento, o que se torna altamente desejável para um líder em qualquer nível.

O problema é que o processo de se perceber a emoção alheia não é formal e conversado. É algo percebido e lido na linguagem corporal. A maior parte da linguagem emocional é não verbal ou é verbal não explícita. Vem das caras e bocas que fazemos. Vem da nossa postura corporal. Até do nosso silêncio, pois ele às vezes fala muito. A leitura desse código escondido é extremamente intuitiva e algumas pessoas a dominam com maestria, enquanto outras estão muito longe de compreendê-la.

> **Toti Loriggio** – Conheço uma médica clínica geral que é uma pessoa de grande empatia. Uma ocasião em consulta eu contava de uma dor de cabeça que estava realmente me preocupando e que já havia tentado de tudo com outro médico neurologista. Bastaram 5 minutos de conversa e ela já havia entendido a minha preocupação e estava dando toda a sua atenção e resposta. Ela rapidamente me falou: "Você não está bem". E comentei: "Como você sabe, se mal comecei a falar". Ela completou: "Você não está sorrindo com os olhos". Foi a primeira vez que soube que nossos olhos também sorriem.

Malcolm Gladwell, em seu livro *Blink*, aborda indiretamente a questão da empatia. O livro trata de percepções instantâneas, num piscar de olhos (*blink*, em inglês). A empatia é uma dessas percepções. Não existe uma análise, um porquê. Apenas sabemos o que está se passando com o outro. Ele comenta de alguns especialistas que se propuseram a decompor os músculos faciais e a fazer as correspondências entre as contrações musculares da face e as emoções sentidas. O trabalho culminou com um domínio impressionante dessa linguagem, capaz de acertar a grande maioria das emoções das pessoas analisadas. Não creio que necessitemos chegar a tal profundidade, mas precisamos nos preocupar em tentar entender um pouco mais e nos colocarmos um pouco mais no lugar dos interlocutores. Outro ponto interessante mostrado por Gladwell, em *Blink*, é que os médicos que são mais processados nos Estados Unidos não são aqueles que cometem mais erros e sim aqueles menos dispostos a ouvir e interagir com seus pacientes, ou seja, com menos empatia.

Conhecemos um amigo que vê cores nas pessoas. Principalmente quando não estão bem, ele fala: "Você está meio cinza hoje". "Você acordou meio verde, o que há com você?" Invariavelmente ele acerta.

Como são as pessoas com empatia superior

Observamos que as pessoas que possuem elevada empatia demonstram atenção e preocupação com os outros. Fica implícito certo altruísmo e um foco fora de si mesmas. Gostam da interação e relacionamento. Tratam bem as pessoas, demonstram certa humildade e com isso abrem espaços para relacionamentos mais abertos e percepções mais verdadeiras. Em geral, são sensíveis, perceptivas, abertas a diferenças no pensar, no sentir e no agir. Evitam julgar ou prejulgar as pessoas e as aceitam como são. São cuidadosas na forma de interagir, escolhem caminhos que criam abertura e espaço de interação.

Em uma das empresas em que atuamos, tivemos a oportunidade de presenciar um gestor, formado em Harvard, cabeça brilhante e que tinha sido incorporado ao grupo de diretores. Logo que chegou, começou a criticar tudo e a trazer conceitos modernos de gestão de projetos. Em poucos dias virou motivo de chacota entre os diretores, que ironizavam que agora tudo tinha que ser falado em inglês. O novo diretor usava uma palavra em inglês a cada cinco palavras em português, alegando que havia vivido muitos anos lá fora e que tinha dificuldade de traduzir. Também usava muito a expressão "eu discordo", não se preocupando minimamente com sua forma de interação que abriria espaço para sua aceitação no grupo. Suas ideias eram boas e sua intenção também, mas a sua forma de interação não era empática e ele fechou muitas portas, o que dificultou sua integração no grupo. Sua entrada foi considerada arrogante e provocou distanciamento. Sua efetiva aceitação só foi acontecer muito tempo e desgaste depois.

Como evoluir nesse quadrante?

• Prestar atenção aos outros e demonstrar preocupação

Tire o foco de si mesmo. Seja menos egoísta. Demonstre interesse pelos outros. Pergunte como as pessoas estão hoje. Arrisque um palpite quanto ao estado emocional delas, baseado em suas caras e bocas. Só de você arriscar o palpite, você terá prestado um pouco mais de atenção a elas, e isso já é uma demonstração positiva.

Demonstre que se importa com o que está se passando com os outros. Ofereça ajuda e apoio genuínos. Essa atitude com liderados abre espaço para um relacionamento de muito maior confiança e abertura.

♦ Fazer experiências "científicas"

Estude um pouco o comportamento humano das pessoas ao seu redor, como se fosse um cientista. Aprenda sobre o comportamento e tire suas conclusões. Não é preciso tempo extra para isso. Use as interações existentes para isso, ou seja, seus próprios rituais de gestão. Você verá que existe tempo de sobra para isso e que bastam alguns segundos de observação para aprendermos muito sobre o comportamento dos outros. Bons cientistas tomam notas e verificam os resultados. Isso também o ajudará a evoluir nesse quadrante.

♦ Prestar atenção à forma

O executivo de Harvard que mencionamos antes falava em inglês com um público que achava que essa língua era esnobe e ainda usava muito o "não concordo". Duas coisas que afastam as pessoas. Ele poderia não usar as palavras em inglês, com um esforço pessoal para se aproximar, falando mais pausadamente para evitar os termos que não lembrava em português e poderia evitar o "eu discordo", comentando que tinha opiniões diferentes ao invés de discordar. Discordar chama o confronto, a réplica, a disputa. A opinião diferente é exatamente a mesma coisa sem o confronto. Não é preciso se omitir. Mas a forma de não se omitir é muito importante e o jeitinho de falar faz muita diferença. A forma aproxima e distancia as pessoas e a diferença pode ser bastante sutil, principalmente para quem não está prestando atenção a esse assunto.

Articulação

LIDERANÇA – seguidores voluntários
INFLUÊNCIA – ser ouvido e aceito
COMUNICAÇÃO – ser entendido claramente
ENTENDER O CONTEXTO – perceber o ambiente e o que isso influencia nas pessoas
RELACIONAMENTO – desenvolver e sustentar elos de ajuda mútua e sustentação no trabalho

Características evidentes	O que fazer para evoluir
Alta credibilidade	Amplie sua rede de contatos
	Procure ocupar mais o seu espaço
Vistos como líderes	Não foque apenas nos problemas
Muitas vezes carismáticos	Não tenha orgulho de autoria para obter mais apoio
	Lidere as mudanças e inovações
Preocupados com causar impacto	Preocupe-se menos com quem você gosta ou não gosta

A articulação é o último dos quatro quadrantes e talvez o mais impactante em termos de liderança. Representa nossa capacidade de interação com as outras pessoas (o que eu faço com os outros). É o quadrante em que as habilidades de liderança sem o uso da hierarquia são verdadeiramente testadas e utilizadas na prática. Faz parte dessa capacidade o poder de influência que desenvolvemos ao longo do tempo e que está ligado ao quanto somos efetivamente aceitos e ouvidos pelas demais pessoas, criando o verdadeiro conceito de liderança, na qual desenvolvemos seguidores voluntários, ou seja, pessoas que nos seguem, que nos ouvem, que nos aceitam porque acreditam que vale à pena estarem conosco. Para conseguir isso, em geral, é necessária uma habilidade especial de comunicação e de relacionamento. A comunicação permitindo clareza de direcionamento e efetiva compreensão de motivos, intenções e valores. O relacionamento, permitindo acesso e aceitação. O relacionamento permite que se desenvolva uma rede de ajuda e de admiração mútuas. A articulação efetiva somente pode ser exercida quando se é conhecido, percebido e notado. Dizem que o verdadeiro *network* não é o desenvolvido quando temos uma agenda pessoal repleta de nomes, endereços, telefones e e-mails, mas quando seu nome, endereço, telefone e e-mail constam das agendas de muita gente. Ou seja, você é lembrado pelas demais pessoas.

> **Toti Loriggio** – Trabalhei numa grande empresa por muitos anos como executivo (15 anos) e tive a oportunidade de estar presente com o dono da empresa em algumas poucas oportunidades. Eram as famosas "falas do trono", nas quais todo o grupo executivo era reunido (mais de 150 gestores) para ouvir, uma vez ao ano, o direcionamento do acionista para os próximos anos. Desde a primeira oportunidade que tive de participar desse evento, preocupei-me em aproveitar a chance para abrir novos relacionamentos com pessoas importantes, apesar da certa introversão que eu tinha. Forçando um pouco os meus instintos, procurei o acionista e me apresentei, falando o que eu fazia e que tinha um grande orgulho de trabalhar na empresa. Ele gentilmente estendeu a mão e disse "muito prazer" e eu fiquei contente de ter conseguido conhecê-lo e cumprido um objetivo de articulação e relacionamento.
>
> Passado um ano e nova "fala do trono" aconteceu e fiz questão de novamente cumprimentar o acionista. Esgueirei-me por entre os ilustres convidados e dei a mão a ele, relembrando meu nome e cumprimentando-o pelo discurso feito. Ele gentilmente estendeu sua mão e repetiu, para minha total frustração, "muito prazer". E assim foram os demais anos. Em todo ano, o ritual se repetia e ele nunca realmente me conheceu.

Não basta nos apresentarmos. Claro que é um primeiro passo, mas precisamos ser lembrados. Para isso é preciso provocar algum impacto de forma que o relacionamento se desenvolva. Costumamos dizer que os elos precisam ser alimentados, senão eles morrem. Não basta conhecer uma nova pessoa. É preciso ligar de vez em quando, mandar um e-mail e efetivamente interagir.

O impacto de ser notado e ser lembrado não está associado ao tempo de trabalho na empresa nem ao seu esforço por cumprir o dia a dia. Em geral isso pode passar totalmente despercebido.

Toti Loriggio – Em outro caso eu estava apenas assistindo a um *workshop* no qual meu sócio seria o palestrante. Cheguei mais cedo e entrei na sala de convenções para ver o ambiente. Notei que a decoração nas paredes era de painéis com fotos de uma regata de veleiros muito bonita e chamativa. Também reparei que o CEO estava em pé no púlpito fazendo anotações, certamente se preparando para fazer uma abertura do evento. Aproximei-me dele e, apresentando-me, perguntei se ele estava realmente se preparando para a abertura, e ele prontamente respondeu que sim e que queria provocar um bom impacto nos líderes da empresa. Como sugestão, comentei que havia adorado os painéis e que eles tinham tudo a ver com o objetivo do encontro. Os veleiros nas imagens eram todos de uma mesma classe e, portanto, idênticos em tamanho, formato, materiais, área vélica. Além disso, o vento era o mesmo para todos. Entretanto, o timoneiro (líder) de cada barco tomaria decisões de leme e de posição de vela que resultam em posições de liderança na competição. Isso tem tudo a ver com o líder da empresa tomando suas decisões e com isso conseguindo vencer os competidores. Com os olhos meio-arregalados ele perguntou: "Qual é o seu nome mesmo?" "Vou usar este *insight* com a turma". E assim fez uma abertura que foi aplaudida de pé pelos líderes e, ao fazê-lo, citou meu nome. Provoquei maior impacto em 5 minutos nesta empresa do que em 15 anos na outra.

Outro ponto importante da articulação é o entendimento do ambiente onde se está inserido. A leitura do contexto e o que o grupo com o qual estamos interagindo está buscando é essencial. Quando acertamos a leitura do contexto, falamos o que o grupo está preparado para ouvir e acertamos o impacto necessário. Quando erramos nessa leitura, todo o resto é perdido.

Muitas vezes alteramos o conteúdo de uma palestra ao olhar para o público e perceber sua reação inicial. De repente percebemos que está sério demais, ou informal demais. Esse ajuste é essencial para garantir que haja impacto.

Como é uma pessoa com alta articulação?

Muitas pessoas possuem o dom desse quadrante. Fazem naturalmente as coisas e são percebidas como líderes potenciais. Existe grande ligação desse quadrante emocional com o motivo influência que mencionamos anteriormente. Pessoas com o motivo influência alto possuem uma carência por provocar impacto e serem ouvidas e percebidas pelos outros, e isso traz muita energia pessoal para essas atividades. Essas pessoas se sentem preenchidas com a articulação, então dedicam toda sua energia a isso com grande leveza e naturalidade.

Outra característica que facilita a articulação é a credibilidade. Pessoas com alta credibilidade possuem muito mais espaço para articulação e, quando sabem ocupar esse espaço, conseguem exercer liderança de maneira expressiva. Entretanto, a credibilidade não é algo inato, mas uma característica desenvolvida e trabalhada que pode demorar muitos anos a ser conquistada, mas pode ser perdida em minutos.

Outras pessoas são o que chamamos de carismáticas. Possuem certo dom de, ao entrarem em ambientes diversos, serem rapidamente admiradas e percebidas. Conseguem provocar impacto onde quer que estejam e o fazem sem fazer nenhum esforço planejado. Sua interação com as pessoas é marcante, seu porte físico muitas vezes ajuda e outras coisas que são difíceis de explicar.

> **Toti Loriggio** – Todos nós temos muitos exemplos para citar sobre essa característica, mas tenho um tio que é a típica expressão disso. Somos sócios do mesmo clube. Ao andar pelo clube ele é reconhecido por todos e cumprimentado pelo nome. Ele responde: "E aí, campeão" Quando pergunto quem é ele, responde: "só conheço de vista". Ele veio na minha casa buscar uma grande mala de viagem que pediu emprestada. Estava o acompanhando até a saída do condomínio de 10 casas onde moro, quando um dos vizinhos também sai de casa carregando uma pequena mala. Na mesma hora, meu tio faz um comentário com ele, brincando se ele queria trocar e quem sairia perdendo e todos nós demos risada nos poucos passos até a saída. Antes de partir, ao entrar em seu carro, meu

tio comentou: " Mais 10 minutos conversando com seu vizinho e eu estaria tomando uísque na casa dele". E é a pura verdade. Ele conseguiu mais acesso ao meu vizinho do que eu em alguns meses que moro no condomínio. A facilidade de abrir espaço e construir relacionamentos desse meu tio é verdadeiramente fantástica e algo a ser copiado no sentido de se liderar melhor.

Como evoluir nesse quadrante?

• Ampliar sua rede

Parece uma recomendação trivial, mas se tomarmos como definição de rede o conjunto de pessoas que possuem o seu telefone nas agendas delas, isso passa a ser um enorme desafio que precisa ser planejado e executado com disciplina e foco. Personalidades introvertidas terão mais dificuldade em cumprir essa recomendação e necessitarão de energia e disciplina extras para serem bem-sucedidas, mas conheço uma série de exemplos de pessoas que conseguiram resultados muito bons. Lembre-se de que a rede precisa ser cultivada e alimentada para que não se perca. Novamente isso pode exigir grande esforço e disciplina.

Não procure encontrar as coisas de que você não gosta nas pessoas. Quem procura acha, e uma vez que encontramos nos focamos no que não gostamos nas pessoas. Certa vez ouvimos uma entrevista com Gilberto Gil em que perguntavam a ele de que tipos de música ele gostava. Ele respondeu que praticamente de todos os tipos. Ele comentou que, na verdade, ele **gostava é de gostar** de música. Sem se importar com o tipo. "Em cada música há o que se admirar, basta procurar." Achamos essa colocação muito impactante e válida para as pessoas. As pessoas que querem articular mais precisam procurar do que gostam nas pessoas e não do que não gostam.

♦ Ocupar os espaços e mudar

Seja ousado, não peça permissão para tudo, não se preocupe em não incomodar. Causar algum impacto significa provocar reações e, em muitos casos, não se consegue agradar a todos. Aumente a velocidade, a profundidade ou a largura de sua atuação. Corra mais riscos e chegue mais perto do perigo. Estar mais perto do perigo não significa que iremos morrer. Todas as proteções e precauções tornam a nossa gestão morna, sem impacto e sem a tão almejada articulação. Não fique preso aos problemas e obstáculos. Foque na solução, na oportunidade, no que pode ser feito e não no que não pode. Seja um pouco otimista ou realista. Ninguém segue um pessimista de carteirinha.

Inove, mude e transforme. Isso trará maior credibilidade a você e fará com que seja visto como um líder. Esse comportamento também está ligado à proatividade que mencionamos anteriormente.

5
O desafio das capacidades

Ao longo dos anos de vivência observando a atuação de líderes na prática, concluímos que algumas capacidades diferenciam os líderes mais competentes e bem-sucedidos dos demais. Essas capacidades podem ser inatas ou desenvolvidas através de esforço específico e focado. Normalmente, os líderes se restringem a se aproveitarem daquelas competências que são inatas e deixam quietas aquelas que estão atrofiadas. Liderança efetiva exige que todos os pontos a seguir mostrados estejam pelo menos com algum volume muscular. Eis, portanto, o seu desafio.

- ◆ capacidade de diagnosticar;
- ◆ capacidade de estabelecer e sustentar relacionamentos;
- ◆ capacidade de sustentar uma causa;
- ◆ capacidade de articulação;
- ◆ capacidade de focar.

Diagnosticar

O dia a dia heroico nos leva a perder a capacidade de ver o todo, de atuar em causas mais profundas e de buscar maior proatividade na gestão. A pura resposta aos problemas do dia a dia é insuficiente diante dos desafios mais modernos da liderança. Quando o líder, ao invés de atacar as causas mais profundas, ataca simplesmente seus efeitos de curto prazo, ele apenas tira os obstáculos temporariamente de sua frente. Em pouco tempo, os mesmos problemas estarão retornando e sugando seu tempo e sua energia novamente. Algumas vezes não há saída e temos que atuar de forma rápida e superficial, mas se ficarmos exclusivamente com esse modelo nos tornaremos os próprios bombeiros de plantão, eternamente sem tempo e sem energia para uma atuação mais proativa.

O diagnóstico é essa capacidade de ver mais profundamente e que precisa ser desenvolvida pelo líder. Essa capacidade passa pela sua administração adequada do tempo, dedicando sempre parte de sua agenda para o ataque mais profundo aos problemas e ao entendimento mais abrangente das relações. Também passa um pouco pelo desenvolvimento de metodologia e ferramentas que orientem o raciocínio e discipline o processo de tomada de decisão para o ataque a causas e não efeitos. Por último, o líder precisa desenvolver uma postura de olhar de fora. Não resta saída. Toda sua equipe estará com o olhar de dentro, então sobra exclusivamente a você alguma capacidade de se colocar de fora do problema para conseguir uma visão um pouco diferente.

> **Toti Loriggio** – Em uma área que eu liderava e que cuidava das utilidades de uma instalação industrial, havia um problema constante de falta de ar comprimido para as máquinas, o que provocava reclamações e pressões violentas da área de produção contra a área de infraestrutura. Eram muitas variáveis simultâneas para uma análise clara da situação. O volume de máquinas tinha aumentado, a rede de ar comprimido havia sido muito estendida e parte dela era antiga, não se tinha informação precisa e coerente sobre a produtividade efetiva de

ar comprimido. Meu chefe já havia liberado verba para aumentar o número de compressores e armazenamento. A equipe dava certezas de que a resposta certa seria o aumento da capacidade de compressão. Mesmo contra o chefe e a equipe, decidi por alugar novos compressores enquanto estudava e me aprofundava sobre essas variáveis. Ao mesmo tempo, realizei uma mobilização de toda a fábrica para a caça aos vazamentos e perdas de ar comprimido. Em um mês, resolvemos tantos pequenos vazamentos que a capacidade de ar comprimido praticamente dobrou, tornando os compressores alugados desnecessários. O real problema não era a falta de capacidade de ar comprimido, mas um excesso de vazamentos.

A competência de diagnóstico é essencial para o líder e ela pode ser treinada e evoluir com o tempo, portanto comece já!

Estabelecer e sustentar relacionamentos

É a capacidade, a ser ampliada, de construir a rede de efetivos parceiros necessária para a construção e a implementação do alto desempenho. Cada vez mais a cooperação se faz necessária e o desempenho solitário torna-se insuficiente e obsoleto. Dominar essa capacidade significa construir e sustentar um *network* interno e externo que torne possível o exercício pleno da liderança. Costumamos sempre perguntar aos executivos que orientamos:

♦ Com quem você tem almoçado?

♦ Como tem sido seu relacionamento com pares?

♦ Com que disposição e empenho você tem se colocado à disposição de ajudar clientes e fornecedores internos?

♦ Tem participado de encontros fora da empresa?

A única forma de garantir essa competência é dedicando tempo a ela. Não há saída. Verifique sua agenda e meça quanto tempo você tem conseguido dedicar a relacionamentos laterais. Muitos executivos consideram isso uma perda de tempo, mas, na verdade, a carreira executiva depende diretamente da aprovação de pares. Quando entendemos essa relação, começamos a dar maior importância e consequentemente tempo a isso.

Estávamos ajudando uma empresa em que uma das áreas estava com reais problemas de desempenho diretamente ligados a gerenciamento não adequado. O vice-presidente responsável pela área comentou em reunião com o topo que teria que descer para tirar a área desse desastre e estava preocupado que isso afetasse o restante. Sua par, a vice-presidente de outra área, imediatamente se prontificou a cuidar das demais áreas enquanto ele entrava na operação resgate, e isso trouxe uma enorme segurança a todos. Essa vice-presidente teve muito trabalho nesse período, pois acumulou muitas áreas, mas com isso ganhou enorme prestígio e aumentou relacionamento e credibilidade por toda a empresa.

Sustentar uma causa

Líderes de verdade trabalham com projetos (de *performance*) e com mudanças que evoluem as áreas e que produzam legados inspiradores. A luta por causas e obras é motivadora e traz destaque e impacto na sua carreira. Sem isso o líder se mistura ao cenário e se torna mais um no quadro. Essa capacidade começa por entender onde mexer e como. O desenho do projeto de evolução e mudança é a chave. Às vezes, nem precisa ser algo revolucionário ou especial, mas que seja marcante para a área. Alguns optam pela resolução do principal problema da área, ou pela alavancagem de indicadores importantes, ou até mesmo pela implementação de processos estáveis e robustos. Além disso, a liderança precisa saber influenciar, mobilizar e atrair seguidores que apoiem suas batalhas profissionais. As causas, obras e projetos provocam reações e resistências que precisam ser trabalhadas e contornadas. Essa capacidade bem desenvolvida destaca os líderes dos chefes.

Articulação

É muito comum que os líderes encontrem contratempos e barreiras em seu caminho na organização. Sua capacidade de negociação e sua habilidade e flexibilidade no trânsito entre os demais líderes da organização, chefes e subordinados determinam seu sucesso no exercício da liderança. Nesse ponto, o quadrante de equilíbrio emocional "articulação" ajuda demais na evolução desta capacidade. Para se articular é preciso ter credibilidade. A credibilidade é a garantia de ser ouvido. Muitos líderes acham que basta estar certo para que haja uma boa articulação. Mas isso nem sempre é verdade. Quantas vezes não ouvimos alguém que tem baixa credibilidade conosco, tendo ela razão ou não. Para evoluir na articulação é preciso trabalhar sua credibilidade e aceitação por toda a empresa. Não adianta apenas cuidar de sua imagem com um *marketing* pessoal forte. A credibilidade evolui com grandes feitos. Com superação. Com impactos verdadeiros e importantes. O artilheiro de futebol só tem crédito quando tem histórico de gols marcados acima da média. Portanto, é preciso sair da média no seu histórico para conseguir espaço de articulação.

O diretor de engenharia de uma grande incorporadora iniciou sua conversa conosco mencionando que tinha grande dificuldade de articulação, mas que a culpa era do restante da empresa. Típica postura de vítima comum a quem tem baixa credibilidade. Ele comentava que não era nunca ouvido quando opinava que os terrenos a serem comprados não estavam adequados e que dariam problemas no futuro. A empresa, sem ouvi-lo, comprava os terrenos mesmo assim e sobrava para ele construir. Usualmente a construção atrasava e saía mais cara. Sua explicação era sempre a mesma. "Eu falei que o terreno não era bom."

Quando conversamos com o CEO, ele falou: "Realmente ele comentou que o terreno não era adequado, mas o que fazer, nenhum terreno para ele jamais foi adequado. Nós, como incorporadora, precisamos comprar terrenos. Se nenhum serve, iremos fechar... Portanto, resolvemos comprar mesmo sem a aprovação dele, pois sua credibilidade é questionável nesse assunto".

O líder que não articula vira vítima e esse é o início do fracasso em liderança.

Foco

Tudo é importante e tudo é urgente. O líder precisa saber distinguir aqueles assuntos que produzem maior impacto para a organização e dar mais atenção a eles. Nesses poucos pontos, o líder precisa garantir desempenhos soberbos, demonstrando para a organização que esses pontos, quando bem-atendidos, fazem toda a diferença. Não é possível ferver o oceano. Temos fogo limitado. Para conseguirmos ferver algo precisamos separar parte do oceano em uma panela e nos concentrarmos nela. Aí sim ferve! Ao tentar ferver tudo... nada nem esquenta.

Os líderes, ao tentarem fazer tudo, ficam como aqueles equilibristas chineses no circo que equilibram os pratinhos. Quando são poucos pratos, tudo vai bem, mas quando o número de pratos aumenta, estes ficam quase caindo. Na prática, os líderes se comportam como o chinês do circo. Tentam com todo empenho possível manter os pratos girando, mas todos malgirados. O problema é que alguns pratos são de porcelana chinesa e não podem cair, pois são muito valiosos para a empresa. Outros pratos são de duralex, ou seja, não quebram tão fácil se caírem. Outros ainda são de plástico e de menor importância no contexto. Não dá para girar todos os pratos de forma igual. É preciso escolher aqueles que podem cair, mas virar de forma brilhante aqueles pratos que não podem cair. Quando conseguimos dar foco adequado às atividades, conquistamos espaço para falar não para alguns pratos menos importantes com o argumento de que, se entrarmos com outras ações, poremos em risco o giro dos pratos de porcelana.

A concentração de recursos e esforços traz resultados superiores. A palavra foco em ótica significa o ponto onde os raios de luz, ao passarem por uma lente, se concentram. Ao colocarmos uma lente de aumento no sol quente e ajustarmos o seu foco exatamente sobre a folha, ela pega fogo instantaneamente. Qualquer outra posição é inócua. O líder precisa ajustar o foco de sua lente concentrando os esforços no local exato e assim colocar fogo no resultado.

Claro que não é simples, por isso é uma capacidade que precisa ser desenvolvida aos poucos, cada vez mais incrementando esse efeito de atear fogo aos resultados.

Toti Loriggio – Neste assunto gosto de usar a experiência editorial que tive na Abril. O processo de fazer uma revista levava semanas. Cada caderno da revista precisava passar por várias etapas e cada etapa possuía filas, que somadas resultavam em um tempo de processo muito longo. Era adequado quando se falava de uma revista de periodicidade mensal, mas perdia completamente o sentido quando falávamos de revistas semanais, que era o caso da *Veja*. Para resolver isso, a Gráfica Abril concentrava grande parte de seus recursos em um único esforço de guerra para produzir e distribuir a *Veja* em poucos dias e não semanas. Esse esforço concentrado é um ótimo exemplo de foco. Esse discernimento de que diferentes prioridades requerem diferentes esforços pode trazer grande diferença na atuação de um líder. Note que o efeito secundário do foco é que o que não é foco fica mesmo para trás. As demais revistas demoram ainda mais quando se faz a *Veja* muito mais rápido. É o chamado *trade off*, ou seja, trocamos o desempenho superior de algo prioritário por alguma perda em assuntos menos relevantes.

Por isso, sempre ressaltamos que o líder precisa saber distinguir o que é mesmo relevante para o desempenho da área e da empresa. No momento em que tudo tem relevância igual, na verdade nada é relevante.

Conclusões

É mais cômodo para a liderança ser o centro da resolução de problemas e gradualmente desenvolver as pessoas enquanto resolve os problemas.

O crescimento tira as pessoas da zona de conforto e o domínio sobre o problema se reduz, aumentando o risco, o que é malvisto pelas empresas.

Também é arriscado liderar e desenvolver ativamente as pessoas, pois a equipe cresce e ocupa o lugar do chefe, empurrando a liderança para cima, forçando a mesma a ocupar espaços mais difíceis e disputados como atuação estratégica e trabalhos de coalizão lateral com pares, e clientes com muito maiores risco e desconforto.

Liderar não é para todos e não acreditamos verdadeiramente que todas as organizações queiram a real liderança presente, pois, na verdade, ela incomoda. Para que uma organização queira mesmo líderes presentes, seu topo será obrigado a liderar ainda mais o que pode ser extremamente desconfortável.

Entendemos que liderar é:

♦ fazer a rotina diária acontecer;

♦ resolver os problemas decorrentes dela;

♦ superar resultados continuamente e de forma surpreendente;

♦ desenvolver as pessoas.

Na prática, as organizações dão foco aos três primeiros itens e tratam o terceiro como um apêndice sem tanto valor.

Portanto, além de liderar, que já é uma luta dura e extenuante, o líder ainda precisa trabalhar em um ambiente que parece favorável, mas que na verdade é ambíguo e muitas vezes contraditório.

Neste livro procuramos ajudar o seu trabalho de liderar nesse meio de campo conturbado. Passamos o essencial, focando em você como líder. Claro que existem muitas outras ferramentas importantes e frentes de batalha além de liderar a si mesmo como:

- liderando sua equipe;
- liderando seus pares e seus superiores;
- liderando mudanças.

Nossa intenção como autores é de dar continuidade nesses temas em livros subsequentes, formando uma espécie de coletânea do que acreditamos em termos de liderança.

Anexo

A empresa e o preparo da liderança: o que a empresa deveria seriamente fazer!

Certificação

O primeiro dos problemas é que o processo de liderança aparentemente não entrou na agenda e no dia a dia do comando. O papel de liderar fica em um segundo plano e abaixo das ações de cobranças e entregas de curto e curtíssimo prazos.

E, finalmente, por mais que os chefes façam cursos de liderança, quando retornam a seus postos de trabalho caem nas armadilhas do tempo escasso, das cobranças imediatistas e do curto prazo. O círculo vicioso se repete: a realidade usualmente engole todo o conceito que foi mostrado aos chefes, que não conseguem colocar em prática aquilo que aprenderam, mesmo quando querem, e, na visão da empresa, os cursos não se mostraram efetivos, desenhando-se novos cursos.

O segredo então seria tornar a liderança como parte do processo do dia a dia dos chefes – tornando-se deste modo líderes, algo tão importante quanto os resultados de curto prazo, algo que faça parte integrante de sua agenda diária como um hábito repetido à exaustão. Como fazê-lo? Aqui moram os maiores desafios.

O modelo de certificação de líderes

Para que a liderança possa ser exercida plenamente é necessário um processo contínuo, sem espasmos ou rompantes inspirados. Deve ser considerada como um processo, diferentemente de um projeto (pois um projeto, em sua concepção metodológica, possui começo, meio e fim, possui escopo, suas metas e seus objetivos, mas também tem cronograma e é finito), pois um processo não termina. Além disso, um "processo de estabelecimento de liderança" precisa ser encarado como uma vocação – e essa ideia de certificação de líderes traz consigo esse conceito processual.

Por outro lado, deve ficar claro que a certificação possui um esforço inicial de preparo e ajuste – um "plano de voo", um "projeto de lançamento e implantação" –, mas também necessita de esforço para ser mantida de forma continuada (sua transformação de projeto em processo), senão a certificação é perdida e o esforço inicial pode ser em vão.

O que é a certificação em liderança?

É um processo ordenado, desenvolvido e priorizado por uma organização para formar líderes que consigam, de forma consistente, comprovada e continuada, produzir o livre desempenho de seus liderados, visando assim o alto desempenho da organização como um todo.

Para tanto, para se estabelecer a certificação em liderança, mostra-se necessário um esforço muito maior do que uma simples capacitação. Para tal, faremos a decomposição em três etapas:

- ♦ alinhamento inicial;
- ♦ aferição contínua;
- ♦ consequências práticas.

Alinhamento inicial

O modelo de certificação deve começar com um diagnóstico dos principais espaços e traços culturais da organização e que necessitam de reforço ou de ajustes. Cada organização possui suas características particulares, suas especificidades, que precisam ser entendidas, fazendo com que o processo de certificação tenha uma estratégia eficaz e customizada para não correr o risco de ser rejeitado pelo sistema imunológico interno. É preciso tratar o processo como sendo uma verdadeira mudança cultural com todo o peso e esforço que pode trazer.

É importante considerar que, ao almejar influenciar a cultura de uma empresa, deve-se focar inicialmente nas crenças e nas práticas dessa empresa (práticas que usualmente são construídas com base em ferramentas rituais e heroicas de uma empresa. Somente com um trabalho eficiente perante esses pontos se consegue começar a influenciar os valores, princípios e ambições da empresa.

A mudança que se deseja obter na liderança deve ser descrita em um conjunto de comportamentos que tornem clara a transformação desejada e com exemplos visíveis, mostrando o que se espera da liderança e o que não se espera da mesma. Essa descrição deve ser chamada de comportamentos essenciais da liderança e passam a ser encarados como o modelo a ser pregado e seguido em todos os níveis.

Também é necessário o alinhamento entre a linguagem e as ferramentas de liderança – pois a implementação na prática desses comportamentos descritos necessita de ferramental e vocabulário próprios. Esse alinhamento precisa ser feito através de encontros ou *workshops* que transpassem todos os níveis de liderança da organização com o objetivo de:

♦ despertar o interesse e a motivação por se certificar em liderança;

♦ capacitar na linguagem, nos conceitos e nas ferramentas.

Nestes encontros deve ser entregue aos participantes um conjunto de ferramentas gerenciais (*kit*), contendo os principais materiais necessários à sua prática, que na verdade é o seu manual de liderança. Importante notar que o *kit* não é um conjunto padrão de conceitos em liderança, mas um conjunto especificamente desenhado para obter as mudanças necessárias na implementação da nova cultura, customizado às necessidades e demandas de cada empresa.

Outro ponto importante é o acompanhamento individualizado de como cada líder está colocando em prática o que lhe foi passado como modelo. Neste processo de acompanhamento, o estabelecimento de pontos de controle, com avaliações precisas – com consequências predefinidas para os que não desempenham –, é vital para o sucesso desta etapa. Além disso, o grupo necessita de ajuda para colocar em prática seu *kit* e também para realizar mudanças de cunho pessoal, quando necessárias – ter alguém ao seu lado nessa hora, que oriente e forneça o suporte e apoio necessários, torna-se um fator crítico para o sucesso desta evolução, deste processo. Além disso, o processo de certificação também é uma mudança individual, que acontece de dentro para fora, e por isso mesmo os líderes precisam sentir e viver as dificuldades para que consigam efetivamente superá-las. Consultores externos ou internos, ou mesmo a liderança superior, pode fazer esse papel de acompanhamento e orientação.

E, como é predefinido, o processo de certificação deve prever vários pontos de controle para que todos os envolvidos, direta e indiretamente, entendam que a mudança é para valer. Não adiantaria se a cada ponto de controle as ferramentas mudassem, os conceitos fossem outros e a orientação fosse diferente. Nesse momento, a consistência entre as ferramentas, os conceitos, os comportamentos e a prática é essencial.

Aferição contínua

Uma segunda etapa é a aferição pragmática das mudanças individuais, a qual passa por uma pesquisa ampla e bem-estruturada sobre o desempenho de cada um dos líderes envolvidos no processo. Para cada um destes líderes, seus gestores, subordinados e pares são ouvidos, de forma planejada e coordenada, sobre a efetiva mudança de cada um deles na organização. As perguntas inseridas na pesquisa são baseadas nos comportamentos essenciais para a liderança na empresa, definidos como modelo no início do processo, e indicam de modo bem assertivo, sem grandes desvios de realidade, se o comportamento está ou não adequado ao desejado e planejado. Os principais cuidados com essa etapa referem-se à garantia de sigilo da pesquisa para que as opiniões não sejam influenciadas pelo medo da hierarquia – em relação a este cuidado, sistemas que possibilitam a não identificação dos respondentes via internet e/ou intranet são bastante adequados para esse fim.

Em seguida deve ocorrer a montagem de um conselho que deve ter o objetivo de analisar o desempenho específico de cada gestor e certificá-lo ou não. Os líderes, com seu histórico referente às etapas anteriores, somado ao seu desempenho presente no negócio da empresa, são avaliados formalmente por seus indicadores, ou seja, a partir do atingimento das suas metas e objetivos serão ou não considerados líderes certificados. Desta forma, a liderança deixa de ser um atributo simplesmente qualitativo passando a ter uma avaliação quantitativa, mensurável e palpável – mais do que isso, quase que tangível. Injustiças, rótulos e preconceitos, adjetivos que surgem em avaliações de desempenho puramente subjetivas, estarão muito pouco presentes nessa análise, fazendo com que a certificação seja um mérito atingido e obtido com o esforço pessoal de cada um.

Um alerta importantíssimo deve ser colocado à organização que se envolver neste processo: a certificação de liderança precisa ser mantida, ano a ano, repetindo-se rotineiramente essa etapa de aferição. Desse modo, deve ficar claro que um esforço espetacular em um único ano não adianta. O fato é este: é algo difícil de conseguir e fácil de perder, pois o "curto prazo" dos resultados heroicos é "matador", sobrepondo-se e anulando facilmente todo o esforço para certificar continuamente as lideranças, e acaba sendo vencedor.

De tempos em tempos nas mesmas ferramentas e não com outros cursos – recertificações constantes como se fossem diplomas que habilitem os líderes a continuarem nos cargos.

Consequências práticas

Por fim, é preciso ter claro que é estritamente necessário existirem consequências para os líderes que não obtiverem sucesso no seu processo de certificação. Para aqueles líderes que conseguem resultados no negócio, mas não conseguem a mudança desejada para a liderança, é recomendado que sejam estudados espaços ou funções estritamente técnicas, sem a responsabilidade de liderar subordinados, em que essas pessoas possam desempenhar seu papel (muitas organizações, ao não se prepararem para tratar deste modo profissionais com resultados excepcionais, acabam promovendo-os a funções de chefia. Em casos assim, usualmente o profissional, sem estar preparado para liderar ou mesmo chefiar, depois de muito desgaste entre as partes acaba saindo da empresa).

Daí a crença de que a certificação é um caminho importante e que viabiliza a transformação de forma perene. Entretanto, a certificação incomoda. O sistema imunológico irá repetidamente atacá-la e tentará a todo custo desqualificá-la. Nesse momento, somente a crença da alta administração em relação ao modelo adotado é que sustentará a mudança. Sem essa crença muito forte e demonstrada a todo o momento para toda a organização, correm-se riscos importantes de jogar todo o esforço fora.

A certificação deve funcionar como uma escola de graduação que habilita ou não a pessoa a continuar gerindo pessoas.

Geralmente, o processo é deixado em segundo plano quando o desempenho chega a bons níveis, mesmo quase "matando as pessoas". Porém, ao se decidir executá-lo, é preciso assumir que, efetivamente, a liderança é um diferencial competitivo e não apenas uma forma de conquistar o troféu de melhor empresa para se trabalhar.

Referências

AMABILE, T. & KRAMER, S. *Progress Principle*. Harvard: Business Review Press, 2011.

BAND, W.A. *Competências críticas* – Dez novas ideias para revolucionar a empresa. Rio de Janeiro: Campus, 1997.

BEATTY, R.W.; HUSELID, M. & SCHNEIER, C.E. *Organizational Dinamics*. Elsevier, 2003.

BEER, M.; EISENSTAT, R. & SPECTOR, B. *The Critical Path to Corporate Renewal*". Harvard Business School Press, 1990.

BENNIS, W. *A formação do líder*. São Paulo: Atlas, 1996.

BENNIS, W. & BIEDERMAN, P.W. *Os gênios da organização* – As forças que impulsionam a criatividade das equipes de sucesso. Rio de Janeiro: Campus, 1999.

BERGAMINI, C.W. *Motivação nas organizações*. São Paulo: Atlas, 1997.

BLAKE, R.R. & MOUTON, J.S. *O grid gerencial III, a chave para a liderança eficaz*. São Paulo: Pioneira, 1989.

BLANCHARD, K. *Liderança de alto nível* – Como criar e liderar organizações de alto desempenho. Porto Alegre: Bookman, 2007.

BOSSIDY, L. & CHARAN, R. *Execução*. Rio de Janeiro: Elsevier, 2005.

BOYATZIS, R. & McKEE, A. *O poder da liderança emocional*. Rio de Janeiro: Elsevier, 2006.

BRACHE, A.P. & RUMMLER, G.A. *Melhores desempenhos das empresas* – Ferramentas para melhoria da qualidade e da competitividade. São Paulo: Makron Books, 1992.

BRADFORD, D.L. & COHEN, A.R. *Excelência empresarial* – Como levar as organizações a um alto padrão de desempenho. São Paulo: Harper & Row, 1985.

BRIDGES, W. *Mudanças nas relações de trabalho* – Job Shift. São Paulo: Makron Books, 1995.

BUCKINGHAM, M. & COFFMAN, C. *Primeiro quebre todas as regras*. Rio de Janeiro: Campus, 1999.

CAMP, R.C. *Benchmarking*: o caminho da qualidade total. São Paulo: Biblioteca Pioneira de Administração e Negócios, 1993.

CARTHY, J.J. *Por que os gerentes falham*. São Paulo: McGraw-Hill, 1998.

CHIAVENATO, I. *Gestão de pessoas*: o novo papel dos recursos humanos nas organizações. Rio de Janeiro: Campus, 1999.

COLLINS, J. *Empresas feitas para vencer*. São Paulo: Elsevier, 2002.

CONNER, D.R. *Gerenciando na velocidade da mudança*. Rio de Janeiro: Infobooks, 1995.

COVEY, S.M.R. *O poder da confiança*. Rio de Janeiro: Elsevier, 2008.

COVEY, S.R. *Os sete hábitos das pessoas altamente eficazes*. 22. ed. Rio de Janeiro: Best Seller, 2005.

DEPREE, M. *Leadership is an art*. Nova York: Doubleday, 1989.

DRUCKER, P.F. *Inovação e espírito empreendedor*. São Paulo: Pioneira, 1987.

FOURNIES, F.F. *Coaching for improved work performance*. Nova York: Van Nostrand Reihold, 1987.

GAUDÊNCIO, P. *Mudar e vencer* – Como as mudanças podem beneficiar pessoas e empresas. São Paulo: Gente, 1999.

GLADWELL, M. *Blink*. Rio de Janeiro: Rocco, 2005.

GOLEMAN, D. *Inteligência emocional*. Rio de Janeiro: Objetiva, 2001.

_____. *Trabalhando com a inteligência emocional*. Rio de Janeiro: Objetiva, 2001.

GOUILLART, F.J. & KELLY, J.N. *Transformando a organização*. São Paulo: Makron Books, 1995.

GOZDZ, K. *A construção da comunidade como disciplina de liderança*. São Paulo: Cultrix, 1992.

GUBMAN, E.L. *Talento*. Rio de Janeiro: Campus, 1999.

HAMEL, G. *Liderando a revolução*. Rio de Janeiro: Campus, 2000.

HANDY, C. *The Hungry Spirit, beyond capitalism*: a quest for purpose in the modern world. Nova York: Broadway Books, 1998.

_____. A *era da transformação* – A transformação no mundo das organizações. São Paulo: Makron Books, 1997.

_____. *Tempo de mudanças*. São Paulo: Saraiva, 1989.

HARVARD BUSINESS REVIEW BOOK. *Gestão de pessoas, não de pessoal*. Rio de Janeiro: Campus, 1997.

HICKMAN, C. & SILVA, M. *A perfeição como lema*. Rio de Janeiro: Record, 1984.

KAPLAN, R.S. & NORTON, D.P. *A estratégia em ação* – Balanced Scorecard. Rio de Janeiro: Campus, 1997.

KATZENBACH, J.R. *Os verdadeiros líderes da mudança* – Como promover o crescimento e o alto desempenho na sua empresa. Rio de Janeiro: Campus, 1996.

KEPNER, C. & TREGOE, B.B. *Administrador racional*. São Paulo: Atlas, 1971.

KETS DE VRIES, M.F.R. *Liderança na empresa*. São Paulo: Atlas, 1997.

KIRBY, T. *O gerente que faz acontecer*. São Paulo: Maltese, 1991.

KOFMAN, F. *Consciência nos negócios*. Rio de Janeiro: Elsevier, 2007.

KOTTER, J.P. *Liderando mudança*. Rio de Janeiro: Campus, 1997.

KOUZES, J.M. & POSNER, B.Z. *O coração da liderança* – Os sete passos para estimular pessoas e aumentar resultados. São Paulo: Gente, 2011.

_____. *Credibilidade*: como conquistá-la e mantê-la perante clientes, funcionários, colegas e o público em geral. Rio de Janeiro: Campus, 1994.

_____. *O desafio da liderança* – Como conseguir feitos extraordinários em organizações. Rio de Janeiro: Campus, 1991.

LENCIONI, P. *The five disfunctions of a team*. São Francisco: Jossey-Bass, 2002.

LORIGGIO, A. *De onde vêm os problemas*. São Paulo: Negócio, 2002.

MANDELLI, L. *Liderança nua e crua* – Decifrando o lado masculino e feminino de liderar. Petrópolis: Vozes, 2015.

MANDELLI, P. *Muito além da hierarquia*. São Paulo: Gente, 2001.

MANDELLI, P. & CORTELLA, M.S. *Vida e carreira*. Petrópolis: Vozes, 2014

MANDELLI, P. et al. *A disciplina e a arte da gestão das mudanças*. São Paulo: Campus, 2003.

MANZ, C.C. & SIMS JR., H.P. *Empresas sem chefes*. São Paulo: Makron Books, 1994.

MARQUES, A.C.F. *Deterioração organizacional*. São Paulo: Makron Books, 1994.

MAXWELL, J.C. *Desenvolva sua liderança*. Rio de Janeiro: Record, 1996.

MLODINOW, L. *Subliminar*. Rio de Janeiro: Zahar, 2013.

MOREIRA, B.L. *Ciclo de vida das empresas* – Uma análise do desenvolvimento e do comportamento das organizações. São Paulo: STS, 1999.

MORGAN, G. *Imagens da organização*. São Paulo: Atlas, 1996.

ODIORNE, G.F. *Análise dos erros administrativos*. Rio de Janeiro: Interciências, 1979.

PETERS, T. *Rompendo as barreiras da administração* – A necessária desorganização para enfrentar a nova realidade. São Paulo: Harbra Business, 1993.

PETERS, T.J. & WATERMAN JR., R.H. *Vencendo a crise*: como o bom-senso empresarial pode superá-la. São Paulo: Harper & Row, 1982.

PINCHOT III, G. *Intrapreneurship* – Por que você não precisa deixar a empresa para tornar-se um empreendedor. São Paulo: Harbra, 1989.

PORTER, M.E. *Estratégia competitiva*. Rio de Janeiro: Campus, 1986.

RAY, M. & RINZLER, A. (orgs.). *O novo paradigma nos negócios*. São Paulo: Cultrix, 1996.

REBOUÇAS, D.P. *Planejamento estratégico*. São Paulo: Atlas, 1996.

REICHHELD, F.F. *Estratégia da lealdade*. Rio de Janeiro: Campus, 1996.

RENESCH, J. *Novas tradições nos negócios*. São Paulo: Cultrix/Amana, 1993.

RIBEIRO, J. *Fazer acontecer*. São Paulo: Cultura, 1998.

ROBBINS, A. *Poder sem limites*. São Paulo: Best Seller, 1987.

SCHIRATO, M.A.R. *O feitiço das organizações*. São Paulo: Atlas, 2000.

SCHRADER, M. "Stories of success, inspiration for the entrepreneur". *Nation's Restaurant News*, 1998.

SENGE, P.M. *A quinta disciplina* – Arte, teoria e prática da organização de aprendizagem. São Paulo: Best Seller, 1993.

TICHY, N.M. & COHEN, E. *O motor da liderança* – Como as empresas vencedoras formam líderes em cada nível da organização. São Paulo: Educator, 1999.

TOMASKO, R.M. *Downsizing* – Reformulando e redimensionando sua empresa para o futuro. São Paulo: Makron Books, 1992.

ULRICH, D. *Recursos humanos estratégicos*. São Paulo: Futura, 2000.

USEEM, M. *O momento de liderar*. São Paulo: Atlas, 1997.

VRIES, M.F.K. *Reflexões sobre caráter e liderança*. São Paulo: Bookman, 2009.

_____. *Liderança na empresa*. São Paulo: Atlas, 1997.

VROOM, V.H. & YETI'ON, P.W. *Leadership and decision*. University of Pittsburgh Press, 1973.

WEINBERG, G.M. *The Secrets of Consulting*. Nova York: Dorset House, 1985.

WHEATLEY, M.J. *Liderança e a nova ciência*. São Paulo: Cultrix, 2009.

WHITNEY, J. *The Trust Factor*. McGraw-Hill, 1994.

WILLIS, R. "What's happening to America's middle managers?" *Management Review*, 1987.

Conecte-se conosco:

- **f** facebook.com/editoravozes
- **@editoravozes**
- **X** @editora_vozes
- ▶ youtube.com/editoravozes
- +55 24 2233-9033

www.vozes.com.br

Conheça nossas lojas:

www.livrariavozes.com.br

Belo Horizonte – Brasília – Campinas – Cuiabá – Curitiba
Fortaleza – Juiz de Fora – Petrópolis – Recife – São Paulo

  Vozes de Bolso

EDITORA VOZES LTDA.
Rua Frei Luís, 100 – Centro – Cep 25689-900 – Petrópolis, RJ
Tel.: (24) 2233-9000 – E-mail: vendas@vozes.com.br